**Bibliografische Information der Deutschen Nationalbibliothek:**

Die Deutsche Nationalbibliothek verzeichnet diese Publikation in der Deutschen Nationalbibliografie; detaillierte bibliografische Daten sind im Internet über http://dnb.d-nb.de abrufbar.

**Impressum:**

Lektorat: Theresa Fischer

Copyright © 2015 ScienceFactory

Ein Imprint der GRIN Verlags GmbH

Druck und Bindung: Books on Demand GmbH, Norderstedt, Germany

Coverbild: pixabay.com

# Mehr als Liebe?

## Die besondere Bindung zwischen Eltern und ihren Kindern

# Inhalt

**Grundlagen des Bindungsverhaltens im Kleinkindalter und ihre Auswirkungen auf die weitere Entwicklung ................ 7**

1. Einleitung .................................................................. 8
2. Bindungstheoretische Grundüberlegungen ................... 9
3. Auswirkungen der Bindungserfahrung ...................... 19
4. Berücksichtung der Bindungsforschung in der Fremdbetreuung ......... 21
5. Abschluss ................................................................ 24

Literaturverzeichnis ........................................................ 25

**Die Rolle von Bindung zwischen Kindern und Eltern und ihre Folgen für die lebenslange Entwicklung ................ 27**

1. Einleitung .............................................................. 28
2. Definition des Bindungsbegriff ................................ 29
3. Diskussion zur These .............................................. 33
4. Schlussbetrachtung ................................................ 35
5. Literaturverzeichnis ................................................ 36

**Die Entwicklung der frühen Mutter-Kind-Beziehung ........ 37**

1. Einleitung: ............................................................. 38
2. Entwicklung der Bindungsqualität ........................... 40
3. Hauptbindungsmuster und Beziehungsformen ........... 45
4. Anwendung und Umsetzung der Bindungstheorie ...... 51
5. Erfassung der Bindungsqualität ............................... 52
6. Zusammenfassung und Ausblick ............................. 53
7. Literatur: ............................................................... 55

Mutter-Kind-Bindung und ihr Einfluss auf die partnerschaftlichen Beziehungen im Erwachsenenalter ................................................. 57

1. Einleitung ............................................................................. 58
2. Grundlagen der Bindungstheorie ......................................... 59
3. Frühe Bindung des Kleinkindes ........................................... 62
4. Bindung und Partnerschaft im Erwachsenenalter ................ 68
5. Schluss ................................................................................. 73

Literaturverzeichnis ..................................................................... 75

**Bindungstheorie und Bindungsforschung: Bedeutung der Väter als Bindungsperson ..................................................................... 77**

1. Einleitung ............................................................................. 78
2. Grundlagen der Bindungstheorie ......................................... 79
3. Aktuelle Bindungsforschung ................................................ 85
4. Bedeutung der Väter als Bindungspersonen ....................... 87
5. Schlussbetrachtung .............................................................. 94

Quellenangaben .......................................................................... 95

**Kinder brauchen Väter. Die Bedeutung des Vaters bei der Sozialisation des Kindes ........................................................ 97**

1. Einleitung ............................................................................. 98
2. Sozialisationsbegriff und Vaterforschung ............................ 99
3. Väter und Einflussfaktoren die auf sie wirken .................... 102
4. Vater-Kind-Beziehungen .................................................... 105
5. Das Fehlen der Vaterfigur .................................................. 107
6. Resümee .............................................................................. 109
7. Literaturverzeichnis ............................................................ 111

**Einzelbände ........................................................................... 115**

Eva Nitschke

Grundlagen des Bindungsverhaltens im Kleinkindalter und ihre Auswirkungen auf die weitere Entwicklung

2008

## 1. Einleitung

Jeder Mensch hat ein Grundbedürfnis nach menschlicher Nähe und Zuwendung, also nach Bindung. Dieses Bedürfnis ist von Geburt an vorhanden.

Lange Zeit wurde der Bindung als grundlegende Basis der zwischenmenschlichen und psychischen Befindlichkeit eines Menschen kaum Beachtung geschenkt.

Erst mit Einführung der Bindungstheorie in die wissenschaftliche Psychologie durch John Bowlby und Mary Ainsworth fand eine Veränderung statt.

So ist es heute unvorstellbar, Kleinstkindern im Krankenhaus den Kontakt mit ihren Eltern zu verwehren, wie es früher aus Angst vor Infektionen und der folgenden schwierigen Trennungssituation üblich war.

Brazelton und Greenspan formulierten 7 Grundbedürfnisse von Kindern. Diese lauten:[1]

- Bedürfnis nach Liebe, Geborgenheit, Zuwendung, Unterstützung und beständiger Erziehung
- Bedürfnis nach körperlicher Unversehrtheit und Sicherheit
- Bedürfnis nach neuen und entwicklungsgerechten Erfahrungen
- Bedürfnis nach Lob und (adäquater) Anerkennung
- Bedürfnis nach Verantwortung und Selbständigkeit
- Bedürfnis nach Übersicht und Zusammenhang, nach stabilen und unterstützenden Gemeinschaften sowie nach einer sicheren Zukunft
- Bedürfnis nach Orientierung, Strukturen, Regeln und Grenzen

Diese 7 Grundbedürfnisse scheinen den Grundstein für eine positive Entwicklung zu legen. Alle diese Punkte lassen sich in die Bindungstheorie einordnen bzw. werden von ihr berücksichtigt.

Im ersten Teil meiner Arbeit werde ich spezifisch auf die bindungstheoretischen Grundlagen eingehen und diese erläutern, um dann im zweiten Teil auf die Auswirkungen des Bindungsverhaltens in der weiteren psychischen Entwicklung einzugehen.

---

[1] Brazelton & Greenspan auf:
http://userpage.fu-berlin.de/~balloff/altesemester/alt/Folien_Grundbeduerfnisse.htm

Kenntnisse der Bindungsforschung sollten nicht nur auf das erste Lebensjahr bezogen sein, sondern ihre weit reichenden erwiesenen Folgen in der politischen Diskussion um Kindererziehung und Fremdbetreuung berücksichtigt werden.

## 2. Bindungstheoretische Grundüberlegungen

Jeder Mensch hat also ein Grundbedürfnis nach tiefen emotionalen Beziehungen.

Das Baby, das von der Oma betreut wird, spielt vielleicht friedlich mit ihr, ohne die Mutter[2] sonderlich zu vermissen, bis es ins Bett muss. Dann fängt es an zu weinen und nach der Mutter zu rufen, bis es von der Oma beruhigt einschlafen kann.

Aber auch die Mutter, die ihr Kind zum ersten Mal alleine bei einer anderen Betreuungsperson lässt, um sich einen Film im Kino anzusehen, wird ständig daran denken, wie es ihrem Kind wohl gehen mag und kann sich kaum auf den Film konzentrieren.

Diese so genannte Bindung ist ein Teil des komplexen Systems der Beziehung.[3] Doch wie entstehen solche Bindungen überhaupt, und wie genau sind sie gekennzeichnet?

### 2.1 Die Bindungstheorie

Bindung ist die Bezeichnung für eine enge emotionale Beziehung zwischen Menschen.

Der britische Psychoanalytiker John Bowlby (1907-1990) gilt als Begründer der Bindungsforschung. Bowlby vermutete eine angeborene Fähigkeit von Neugeborenen Bindungen herzustellen. Er kam zu der Annahme, ein Kleinkind verfüge über ein motivationales System, was es dazu befähigt Zuwendung,

---

[2] Unter Berücksichtigung von Gender-Aspekten möchte ich darauf hinweisen, dass ich im Folgenden der Einfachheit halber den Terminus „Mutter" verwende. Selbstverständlich könnte an dieser Stelle auch „Vater" oder eine sonstige Bezugsperson stehen.
[3] Brisch, S.35

Schutz oder Beruhigung bei seinen Bezugspersonen einzufordern, um sein Überleben zu sichern[4], ihm andererseits aber auch die nötige Auseinandersetzung mit der Umwelt ermöglicht (Exploration).

Demnach betrachtet Bowlby Mutter und Kind als „Teilnehmer in einem sich wechselseitig bedingenden und selbst regulierenden System".[5]

Seine Theorie gründete Bowlby zum Teil auf den Erkenntnissen der Ethologie in den 1960er Jahren.

So erwies sich aus dem Naturverhalten von Tieren, dass Bindung von der Fütterung losgelöst ist. Diese These gründet sich auf 2 Beobachtungen in der Natur: Zum einen beschrieb Lorenz6 das Verhalten von kleinen Gänschen, die offensichtlich eine starke Bindung zu ihrer Mutter haben, obwohl sie von ihr nicht direkt mit Nahrung versorgt werden. Der umgekehrte Fall zeigte sich in einem Versuch von Harlow[7] mit Rhesusaffen, die nach der Geburt von ihrer Mutter getrennt wurden. Diese kleinen Äffchen hatten die Wahl zwischen einer „Drahtmutter", von der sie Nahrung bekamen, und einer mit Frottee bezogenen „Mutter", die aber keine Nahrung abgab. Nach dieser Studie zeigten die Äffchen eine klare Präferenz für die „kuschelige" Variante. So bewies Bowlby, dass Bindung von der Fütterung unabhängig ist und unterstrich somit seine Kritik an der Psychoanalyse. Bowlby wehrte sich gegen die Vorstellung Freuds, dass Bindung rein aus triebtheoretischen Ansätzen zu interpretieren sei.

Zusammengefasst lässt sich die Bindungstheorie so erklären: Normalerweise fördert die bloße Anwesenheit der Bezugsperson eines Kindes die Exploration, es spielt und erkundet seine Umwelt. Sobald es jedoch Gefahr spürt, sucht es die Nähe dieser Person, um dort Schutz zu finden und wieder ins Gleichgewicht zu kommen. Dies wurde von Mahler[8] auch als „emotionales Auftanken des Säuglings" bezeichnet.

Das zugehörige Bindungsverhalten zeigt sich durch beobachtbare Verhaltensweisen wie Blickkontakt, Lächeln, Weinen, Klammern usw.

---

[4] Ettrich, S.3
[5] Brisch, S.35
[6] Lorenz, 1952 in: Holmes, S.84
[7] Harlow, 1958 in: Holmes, S.84
[8] Mahler et. al., 1978 in: Brisch, S.38

## 2.2 Bindungstypen

Bindung wird hauptsächlich dann ersichtlich, wenn sich ein Kind bedroht fühlt. Dies ist zum Beispiel in Trennungssituationen der Fall. Mary Ainsworth[9] hat diese Situation für ihre Idee einer standardisierten Beobachtungssituation genutzt.

Dies ist der so genannte „Fremde Situation-Test", in dem Kinder im Alter von 12-20 Monaten zweimal kurz von ihrer Mutter getrennt werden. Der Test untergliedert sich in folgende Schritte:

Zuerst betreten Mutter und Kind ein ihnen unbekanntes Spielzimmer. Sie können sich nun an den Raum gewöhnen, das Kind kann die Umgebung mit den bereitgestellten Spielsachen erkunden, das Verhalten der Mutter ist frei gestellt. Nun kommt eine fremde Person ins Zimmer, nimmt jedoch erst nach 2 Minuten Kontakt mit der Mutter auf. Während des kurzen entstehenden Dialogs reagieren die meisten Kinder mit Neugier oder etwas Angst und verringern den Abstand zur Mutter. Danach versucht die Person, Kontakt mit dem Kind aufzunehmen, indem sie an sein Spiel anknüpft. Auf ein Kopfzeichen hin verabschiedet sich die Mutter mit wenigen Worten von ihrem Kind und verlässt den Raum. Nun aktiviert sich das Bindungssystem des Kindes; es reagiert auf die Trennung, indem es der Mutter nach schaut oder schon anfängt zu weinen. Die fremde Person versucht, das Kind zu trösten oder mit einem Spiel abzulenken. Nach circa drei Minuten kehrt die Mutter zurück und nimmt es auf den Arm, bis es sich wieder sicher beruhigt hat. Aus diesem Wiedervereinigungsverhalten können wesentliche Rückschlüsse über den Bindungstyp getroffen werden.

Während die Mutter ihr Kind tröstet, verlässt die fremde Person den Raum. Sobald das Kind sich wieder sicher genug fühlt, um losgelöst von der Mutter zu spielen, also zu explorieren, verlässt die Mutter auch wieder den Raum, so dass das Kind ganz alleine ist. In der Regel zeigt das Kind nun eine stärkere Trennungsreaktion mit deutlichem Bindungsverhalten; es weint und versucht der Mutter zu folgen.

Nun betritt die fremde Person den Raum und versucht erneut, das Kind zu trösten oder abzulenken. Dies ist eine weitere wichtige diagnostische Phase.

---

[9] Ainsworth et.al., 1978; Ainsworth, 1985 in: Brisch: S.46

Zum Schluss findet nochmals die Wiedervereinigung von Mutter und Kind statt, in der die fremde Person den Raum verlässt.[10]

Aufgrund der Beobachtungen mehrerer hundert Kinder in diesem standardisierten Verfahren konnte Mary Ainsworth 3 verschiedene Bindungstypen definieren: die unsicher-vermeidend gebundenen Kinder, die sicher gebundenen und die unsicher-ambivalent gebundenen Kinder. Später wurde noch eine vierte Klassifikation eingeführt: die Kinder mit desorganisiertem Verhaltensmuster. Mary Main[11], die auch Erwachsene mit dem AAI (Adult Attachement Interview) untersuchte, führte diese Klassifikation ein. Es gab immer auch Kinder, deren Verhalten sich nicht eindeutig in eine der drei Hauptreaktionsschemata einordnen ließen.

Im Folgenden möchte ich die verschiedenen Bindungstypen erläutern:[12]

### 2.2.1 Unsicher-vermeidend gebunden (A)

Diese Kinder zeigen während der Trennung kaum Anzeichen von Belastung. In der Regel bleiben sie an ihrem Platz und spielen weiter, wobei sie weniger Ausdauer oder Interesse dabei zeigen. Sie verfolgen allerdings teilweise das Verschwinden der Mutter mit den Augen. Auf die Rückkehr der Mutter reagieren sie eher mit Ablehnung, sie vermeiden und ignorieren sie aktiv. In der Regel kommt es auch zu keinem Körperkontakt.

Während der ganzen Situation wenden sie ihre Aufmerksamkeit stark den Spielsachen oder anderen Objekten zu.

Auf Außenstehende wirken unsicher-vermeidend gebunden Kinder eher unauffällig. Dennoch leiden sie heftiger unter der Trennung von der Bezugsperson als sicher gebundene Kinder.

Physiologische Untersuchungen ergaben, dass der Herzschlag sich erhöht und der Cortisolspiegel steigt, was auf Stress schließen lässt.

Die Erklärung für dieses Verhalten liegt in der Erfahrung, die diese Kinder bereits gemacht haben. Sie wurden mehrfach bei Kummer oder Ängsten von der

---

[10] Ettrich, S.8; Brisch, S.45f.
[11] Main&Solomon, 1986 in: Brisch, S.47
[12] Ettrich, S.5 ; Brisch, S.46f.

Bezugsperson zurückgewiesen. Infolgedessen haben sie eine Strategie der Vermeidung entwickelt und zeigen ihre Ängste nicht mehr. Dadurch verringert sich ihr Risiko der Zurückweisung.[13]

In den Längsschnittstudien wurden ca. 30-40% der Kinder in dieser Kategorie eingestuft.[14]

## 2.2.2 Sicher gebunden (B)

Etwas mehr als die Hälfte aller Kinder konnte als sicher gebunden klassifiziert werden.

Diese Kinder zeigen deutliche Anzeichen dafür, dass sie ihre Bezugsperson während der Abwesenheit vermissen. Sie rufen nach ihr, versuchen, ihr zu folgen, und suchen sie auch über längere Zeit hinweg. Teilweise lassen sie sich von der fremden Person trösten. Bei der Wiedervereinigung suchten sie Nähe und Kontakt, sie lassen sich trösten und zeigen Freude über das Wiedersehen. Dann lassen sie sich jedoch schnell beruhigen und können wieder zu ihrem Spiel zurückkehren.

Die Kinder halten also eine angemessene Balance zwischen Nähe zur Bezugsperson und explorativem Verhalten und zeigen deutlich ihre Gefühle.

Die sicher gebundenen Kinder haben die Erfahrung gemacht, dass sie auf die elterliche Zuverlässigkeit vertrauen können und ihre Interaktion funktioniert. Somit konnten sie eine große Zuversichtlichkeit in Bezug auf die Verfügbarkeit der Bindungsperson entwickeln.

## 2.2.3 Unsicher-ambivalent gebunden (C)

Diese Gruppe macht ungefähr 10-20 Prozent der getesteten Kinder aus.

Hier zeigen die Kinder schon vor der Trennung deutlich ängstliches Verhalten, so dass sie sich kaum von der Mutter lösen können. Die Exploration ist also sehr eingeschränkt. Während der Trennungsphase sind sie ständig damit beschäftigt

---

[13] Fremmer-Bombik, 1995 in: Ettrich, S.5
[14] Grossmann et al., 1997 in: Brisch, S.48

herauszufinden, wo die Bezugsperson sich aufhält oder was sie tut. Sie fürchten sich vor der fremden Person und sind unfähig, sich zu beruhigen.

Bei der Wiedervereinigung verhalten sich die Kinder ambivalent: einerseits wollen sie die Nähe zur Mutter, andererseits zeigen sie offenen Ärger wie Strampeln, Schlagen oder sich Abwenden. Selbst nach längerer Zeit sind sie oft nicht in der Lage, sich wieder zu beruhigen.

Das ängstliche Verhalten schon vor der Trennung wird durch das unvorhersehbare Verhalten der Mutter hervorgerufen. Dies hat zur Folge, dass das Bindungssystem dieser Kinder ständig aktiviert ist; sie versuchen permanent herauszufinden, in welcher Stimmung sich die Bezugsperson gerade befindet, um sich anpassen zu können. Dies schränkt das Explorationssystem stark ein.

### 2.2.4 Unsicher-desorganisiert / desorientiert gebunden (D)

Diese Kinder zeigen Kombinationen aus verschiedenen Bindungstypen und unvorhersehbaren Verhaltensweisen wie Stereotypien und unvollendete oder unvollständige Bewegungsmuster, Erstarren (Freezing) oder Erschrecken bei Rückkehr der Mutter.

Sie zeigen Zeichen der Desorganisation: so rufen sie nach der Mutter, aber wenden sich ab, wenn sie wieder erscheint.

Erklärt wird dieses Verhalten damit, dass die Kinder keine einheitliche Strategie entwickeln konnten. Dies passiert, wenn die Bindungsperson, die ja Schutz und Trost bieten soll, selbst der Auslöser für das Bindungsverhalten – also die Bedrohung – ist. Dies geschieht zum Beispiel, wenn das Kind misshandelt wird, oder aber bei nicht verarbeiteten Traumata der Eltern.

Dadurch bricht die kindliche Verhaltensorganisation zusammen und die Kinder können keine Strategie entwickeln, um mit bindungsrelevantem Stress umgehen zu können.[15]

Das Bindungsverhalten der Kinder in der „Fremden Situation" steht in engem Zusammenhang zur Feinfühligkeit der Bezugsperson, wie in Kapitel 3.1. beschrieben.

---

[15] Schmidt-Lack, 2000 in: Ettrich, S.5

## 2.3 Entwicklung der Bindung im ersten Lebensjahr

Das Bindungsverhalten entwickelt sich bereits im ersten Lebensjahr und wird von Ainsworth[16] in vier Phasen unterteilt:

In der ersten Phase (0-3 Monate) zeigt der Säugling noch keine Unterscheidung der Bezugspersonen. Allerdings kann er wie oben beschrieben ein Lächeln auf dem Gesicht der Mutter hervorrufen; dies gibt ihm ein Gefühl der Handlungsfähigkeit. Die reflexionsartige Antwort ist „das erste Bindeglied zwischen dem, was dort draußen wahrgenommen wird und dem, was hier drinnen verspürt wird".[17]

Die Differenzierung der Personen beginnt in der zweiten Phase (3-6 Monate). Nun beginnt das Baby, anders auf die Stimme der Mutter zu reagieren und weint anders, wenn diese weg geht. Beide zeigen gegenseitiges „Kennen", was das Zeichen für eine sichere Mutter-Kind-Bindung ist.

In der dritten Phase (6-9 Monate) beginnt das Baby sich fortzubewegen und benötigt daher ein viel komplexeres Kommunikationssystem, um den Kontakt zur Mutter zu gewährleisten. Die Mutter muss wissen, dass ihr Kind zu ihr kommt, wenn es ihrer Nähe bedarf; das Kind wiederum muss bei Bedarf der Mutter Protest oder Kummer zeigen können. In dieser Phase zeigt das Kind eine auffallend starke Bindung zur Mutter, das so genannte „Fremdeln" entsteht.

In der vierten Phase (8-12 Monate) schließlich, die oft mit der dritten Phase überlappt, wird die Bindung auf mehrere Personen ausgeweitet. Die Voraussetzung für die Bindung an andere Personen ist also eine sichere Bindung zur Mutter, da diese als „Modell" dient. Zeitgleich, wie die Bindung zur Mutter in Tiefe und Intensität wächst, wird die generelle Bindungsfähigkeit des Kindes umfassender.[18]

Jedoch bleiben die verschiedenen Bindungen stets hierarchisch geordnet.

---

[16] Ainsworth, 1964/2003 in: Becker-Stoll, S.18
[17] Holmes, S.95
[18] Ainsworth 2003 in: Becker-Stoll, S.19

## 2.4 Besonderheiten der Mutter-Kind-Bindung

Die Mutter-Kind-Bindung wird schon vor der Geburt durch biologische, neurobiologische und physiologische Prozesse angebahnt.[19] Somit verfügt der Säugling über ein angeborenes Verhaltenssystem, das es ihm ermöglicht, aktiv die Mutter-Kind-Bindung zu gestalten.

Zu den Interaktions-Mechanismen des Babys Bindung herzustellen, gehören folgende Momente: Das Stillen, der Körperkontakt, das Weinen, die Babysprache, Dialoge und das Kindchenschema.[20]

Das Stillen stellt einerseits die lebenserhaltende Nahrungsaufnahme dar, andererseits ist es aber auch ein Akt der Beruhigung und der körperlichen Nähe. Das Neugeborene kann bereits nach 2 Tagen den Geruch der mütterlichen Brust erkennen.[21] Das Saugen an sich „stillt" das Kind bereits, beruhigt es also. Das Stillen verbindet Mutter und Kind zwangsläufig in der ersten Zeit.

Durch Körperkontakt können Säuglinge die Nähe, Wärme und den Geruch der Mutter empfinden und somit die Mutter als wirkliche, körperliche „Basis" erfahren.

Selbst bei Erwachsenen kann man die beruhigende Funktion von Körperkontakt beobachten.

Das Weinen ist die bisweilen durchdringendste Möglichkeit des Säuglings, emotionale Zuwendung einzufordern. Dies „funktioniert" oft sogar bei Personen, die keine persönliche Beziehung zu dem Kind haben. Das Weinen ruft automatisch tröstende Verhaltensmuster hervor wie auf-den-Arm-nehmen, Schaukeln, beruhigend sprechen oder Stillen.

Wenn die Bezugsperson mit dem Kind spricht, verändert sich ihre Stimme: sie wird ungefähr eine Oktave höher und die Intonation wird vergrößert. Diese so genannte „Babysprache" findet sich in nahezu allen Kulturen.[22] So wird die Aufmerksamkeit des Säuglings erregt.

---

[19] Becker-Stoll, S.16
[20] Keller, S.22 ff.
[21] Schaal, Montagner, Hertling, Bolzoni&Quichon, 1980 in: Keller, S.22
[22] Ferguson, 1964 in: Keller, S.25

Durch die bisher angesprochenen Interaktionsmuster kommt es zu Dialogen zwischen Mutter und Kind, die wechselseitig erfolgen, wobei die Mutter anfangs stärker steuert.

Ein deutlicher Dialog ist zu sehen, wenn das Kind schon als Neugeborenes das Gesicht der Mutter fixiert, was von dieser als Kommunikationsversuch interpretiert wird und somit sofortige Zuwendung hervorruft.[23]

Nicht zuletzt ruft der Säugling durch sein Erscheinungsbild zugewandtes Verhalten hervor. Dieses so genannte „Kindchen-Schema" wurde von Konrad Lorenz entdeckt. Es besagt, dass Kinder im Vergleich zu Erwachsenen einen größeren Kopf und einen kleineren Körper haben; dadurch wirken die Augen sehr groß. Bei jungen Säugetieren sind diese Merkmale ebenfalls zu finden. Durch das Kindchen-Schema wird beim Erwachsenen emotionale Zuwendung hervorgerufen und Aggressionen werden verhindert.[24]

### 2.4.1 Feinfühligkeit

Die mütterliche Reaktionsfähigkeit ist ein entscheidender Faktor der Bindungsqualität im weiteren Verlauf der Entwicklung.[25]

Dies wird als die so genannte Feinfühligkeit der Bezugsperson bezeichnet. Mary Ainsworth entwickelte dieses Konzept auf der Grundlage von Verhaltensbeobachtungen in Uganda.

Bei dieser Längsschnittstudie mit 23 Kindern unter einem Jahr untersuchte sie anhand des „Fremde-Situation"-Tests die Bindungsqualität dieser Kinder und konnte feststellen, dass Kinder von Müttern mit feinfühligem Pflegeverhalten häufiger als sicher gebunden klassifiziert werden konnten als Kinder von Müttern mit weniger feinfühligem Verhalten.

Im Folgenden möchte ich die charakteristischen Verhaltensweisen der Feinfühligkeit nach Mary Ainsworth[26] erläutern:

---

[23] Keller, S.25
[24] Keller, S. 27 und Largo, S.38f.
[25] Holmes, S.94
[26] Ainsworth et al., 1978 in: Brisch, S.40f.

Zunächst muss die Mutter in der Lage sein, die kindlichen Signale mit großer Aufmerksamkeit wahrzunehmen und diese auch richtig deuten können. (z.B. Weinen vor Hunger, Schmerzen, Langeweile,..) Dabei besteht die Gefahr, dass diese Signale aufgrund eigener Bedürfnisse oder Projektionen fehlinterpretiert werden.

Wenn dies gelingt, muss die Mutter angemessen auf die Signale reagieren (so muss sie beispielsweise die richtige Dosierung der Nahrung herausfinden oder die Interaktion mit dem Kind nicht durch Über- bzw. Unterstimulation erschweren.

Schließlich ist es wichtig, dass die Mutter prompt auf das Signal reagiert; je kleiner der Säugling ist, desto schneller ist dessen Frustrationsgrenze erreicht.

In unserer Gesellschaft ist es oft immer noch so, dass Mütter Angst haben ihr Kind zu sehr zu verwöhnen und es aufgrund veralteter Normen erst einmal ein wenig schreien lassen, um die Frustrationstoleranz zu erhöhen, bevor sie es schließlich beruhigen.

Dem entgegengesetzt haben jedoch Untersuchungen ergeben, dass Kinder, deren Bedürfnisse angemessen und prompt erfüllt wurden, später einerseits selbstständiger spielen konnten und andererseits weniger ängstlich und aggressiv waren, da sie ihre Mutter selbstständig bei Angst oder Stress aufsuchen konnten und sich schnell trösten ließen.[27]

Die meisten Pflege- und Bezugspersonen benötigen erst einmal etwas Zeit, um ein Gespür für die Bedürfnisse des Kindes zu entwickeln und die Signale richtig zu deuten.

Feinfühliges Verhalten beinhaltet auch, die Autonomiebedürfnisse des Kindes zu erkennen und zu respektieren. Neuere Untersuchungen zeigen, dass vor allem beim Explorationsverhalten die Feinfühligkeit des Vaters starke Einflüsse auf zentrale Aspekte der sozial-emotionalen Entwicklung haben.[28]

---

[27] Ainsworth et al., 1978; Grossmann et al., 1985 in: Brisch, 43
[28] Heinz&Grossmann 2004 in: Becker-Stoll, S.20

## 3. Auswirkungen der Bindungserfahrung

Die gesamte Bindungstheorie ist verglichen mit anderen psychologischen Theorien eher neu. Es leuchtet ein, dass das Bindungsverhalten bei Kleinkindern und ihren Eltern auf die beschriebene Art und Weise entsteht und aktiv ist.

Inwieweit diese Erkenntnisse jedoch relevant für die weitere Entwicklung sind und welche Auswirkungen sie haben können, soll im Folgenden erläutert werden.

### 3.1 Auswirkung auf das Gehirn

Neurobiologische Erkenntnisse sowie die neuere Gehirnforschung zeigen, dass sich die frühen Bindungserfahrungen im Gehirn abzeichnen.[29] In den ersten Lebensjahren bildet sich hier eine starke Verdichtung der neuronalen Netzwerke.

Damit diese Vernetzungen entstehen können, müssen demnach verschiedene Areale im Gehirn gleichzeitig stimuliert werden. Dies kann durch feinfühlige Interaktionen mit einer Bezugsperson erreicht werden. Die frühkindlichen emotionalen Erfahrungen beeinflussen die funktionelle Entwicklung des Gehirns und führen somit „zur Entstehung von neuen Schaltkreisen im Gehirn, die eine optimale Leistungsfähigkeit und Anpassung an die Umwelt ermöglichen".[30]

Wenn eine entsprechende Stimulation fehlt, wie es zum Beispiel bei Vernachlässigung oder Isolation der Fall ist, so entwickeln sich diese komplexen Strukturen nur unzureichend und erschweren somit die alterstypischen Entwicklungsaufgaben.

### 3.2 Auswirkung auf die weitere Entwicklung

Wie bereits beschrieben, zeigen sich bei Kindern mit guter Mutter-Kind-Bindung höhere soziale Kompetenzen als bei unsicher gebundenen Kindern.

Durch immer wiederkehrende Erfahrungen entwickeln die Kinder ein „inneres Arbeitsmodell", das auf alle Situationen verallgemeinert angewandt wird.

---

[29] Braun et al., 2002 in: Becker-Stoll, S.26
[30] Braut et al., 2002 in: Becker-Stoll, S. 26

Sicher gebundene Kinder haben das Selbstvertrauen entwickelt, dass sie bei einem offenen emotionalen Ausdruck wie Ärger oder Kummer auf verlässliche Art und Weise aktiv Zuwendung oder Trost bei ihren Bezugspersonen hervorrufen können.

Bereits zum Ende des ersten Lebensjahres zeichnen sicher gebundene Kinder sich durch höhere Kommunikationsfähigkeit aus.[31]

Im Kindergarten sind sie durch weniger Aggressionen oder feindseliges Verhalten und weniger Abhängigkeit von den Erzieherinnen beobachtbar. Die höhere soziale Kompetenz führt sich auch im Schul- und Jugendalter fort.

Bei unsicher gebundenen Kindern zeigt sich eher ein negatives oder aber ein stark idealisiertes Selbstbild; sie können weniger gut mit Konflikten umgehen oder Impulse regulieren.

Die Erfahrungen aus der frühen Kindheit werden als interne Vorstellungen gespeichert. Durch die tagtägliche Anwendung dieser Muster werden diese verstärkt und automatisiert, so dass sie schließlich als feste Verhaltensmuster etabliert sind.[32]

Im Erwachsenenalter gelingt es Eltern mit sicherer Bindungsrepräsentation eher, die Bedürfnisse ihrer eigenen Kinder feinfühlig wahrzunehmen und somit ein sicheres Bindungsverhalten herzustellen.

Abschließend sollte noch erwähnt werden: Bindungssicherheit ist nicht gleichzusetzen mit Abhängigkeit; im Gegenteil. Denn gerade durch die sichere Bindung hat das Kind die Möglichkeit, seine Umwelt zu erkunden und Beziehungen zu anderen Menschen aufzunehmen, so zum Beispiel zu anderen Erwachsenen wie Erzieherinnen in Krippe und Kindergarten sowie zu anderen Kindern.[33]

---

[31] Ainsworth&Bell, 1974 in: Becker-Stoll, S.27
[32] Bowlby 1987/2003 in: Becker-Stoll, S.29
[33] Becker-Stoll, S. 30

## 4. Berücksichtung der Bindungsforschung in der Fremdbetreuung

Im Rahmen der Fremdbetreuung spielen Themen wie Trennungssituationen und Eltern-Kind-Bindung bzw. Erzieherin-Kind-Bindung eine große Rolle. Es würde jedoch den Rahmen dieser Hausarbeit sprengen, wenn ich spezifisch auf die Anforderungen eingehen würde, die an eine Kindertagesstätte gestellt werden müssen, um das Kind individuell zu fördern und zu unterstützen.

Daher möchte ich im Folgenden auf die Besonderheiten der Erzieherin-Kind-Bindung eingehen und nur kurz verschiedene Aspekte betrachten, die bei der Fremdbetreuung berücksichtigt werden sollten.

### 4.1 Besonderheiten bei der Erzieherin-Kind-Bindung

Die Mutter-Kind-Bindung entwickelt sich, wie oben beschrieben, bereits pränatal und verläuft nahezu automatisch. Wenn das Kind in den Kindergarten oder eine Krippe kommt, hat es bereits ein inneres Bindungsmodell entwickelt, das es auf sämtliche weitere Bezugspersonen ausweiten wird.

In Kindereinrichtungen ist das Augenmerk der Erzieherin oft mehr auf die Gruppe gerichtet als auf das einzelne Kind. Dass Bindungsverhalten jedoch auch mit Erzieherinnen entsteht, erklärt Becker-Stoll[34] mit Beobachtungen in Kindergärten. So zeigten Kinder beim Bringen in die Tagesstätte positive Affekte, wenn die Bezugserzieherin sie in Empfang nahm und liefen dann kaum ihren Müttern nach. Außerdem wendeten sie sich im Lauf des Tages häufiger an die Bezugserzieherin als an anderes Personal und ließen sich bei Kummer schneller von ihr beruhigen. Somit ist ersichtlich, dass durchaus eine starke Erzieherin-Kind-Bindung entstehen kann.

Diese Bindung wird durch folgende Faktoren ermöglicht:[35]

Die Grundlage der Bindungsbeziehung ist die Zuwendung. Durch liebevolle und empathische Kommunikation entsteht Vertrauen und Freude an der gemeinsamen Kommunikation.

Dadurch wird seitens des Kindes ein Gefühl der Sicherheit vermittelt. Wenn die Erzieherin für den Fall des Bedarfs verfügbar bleibt, ermöglicht dies dem Kind

---

[34] Becker-Stoll, S.32
[35] Booth, Kelly, Spieker&Zuckerman 2003; Ahnert 2006 in: Becker-Stoll, S.33f.

eigenaktive Tätigkeiten auszuführen und intensiver und aufgeschlossener zu spielen.

Ein weiteres Merkmal im Aufbau der sicheren Erzieherin-Kind-Bindung ist die Stressreduktion. Bei Stress, Ärger oder Kummer hilft die Erzieherin dem Kind, seine negativen Emotionen zu regulieren und in eine ausgeglichene emotionale Stimmungslage zurückzukehren.

Durch die „sichere Basis", die die Erzieherin darstellt, fördert sie das Explorationsverhalten des Kindes. Einerseits dient sie dem Kind dazu, sich rückversichern zu können, andererseits ermutigt sie es zu neuen Erkundigungen.

Schließlich unterstützt die Erzieherin die Handlungsfähigkeit des Kindes durch ihre Assistenz. Bei einer sicheren Bindung akzeptiert und sucht das Kind diese sogar.

Diese Eigenschaften bestimmen die Ausprägung einer sicheren Erzieherin-Kind-Bindung.

Allerdings stellt sich die Frage, inwieweit die dargestellte Bindung innerhalb der Gruppe überhaupt aufgebaut werden kann.

In Untersuchungen von Ahnert, Piquart und Lamb[36] stellte sich heraus, dass die Erzieherin-Kind-Bindung auf dem Hintergrund der Gruppenzugehörigkeit gesehen werden muss. So wurden die sicheren Bindungen in Gruppen mit empathischem Erzieherverhalten nachgewiesen, das gruppenbezogen ausgerichtet ist und die Gruppendynamik reguliert.

Grundlage dafür ist, dass die Bedürfnisse jedes einzelnen Kindes innerhalb der Gruppe zum richtigen Zeitpunkt berücksichtigt werden.

## 4.2 Rahmenbedingungen

Becker-Stoll nennt in ihrem Buch einige Rahmenbedingungen, die eine sichere Erzieherin-Kind-Bindung ermöglichen[37].

Dies ist zum einen die Gruppengröße, also die Anzahl der Kinder bezogen auf eine Erzieherin. Es ist leicht nachzuvollziehen, dass bei steigender

---

[36] Ahnert, Piquart & Lamb 2006, in: Becker-Stoll, S.35
[37] Becker-Stoll, S.36ff.

Gruppengröße die Achtsamkeit auf das einzelne Kind leidet und somit die direkte Erzieherin-Kind-Bindung eingeschränkt wird. Allerdings gewinnen dann die gruppendynamischen Faktoren an Bedeutung: Bindung entsteht aufgrund gruppenbezogener Empathie. Es ist hierbei auch zu beachten, dass in alters- und geschlechtergemischten Gruppen auch Bindungen unter den Kindern selbst entstehen, welche die Sicherheit vor allem der jüngeren Kinder nicht unbeträchtlich stärken kann.

Auch die pädagogische Konzeption der Kinderbetreuungseinrichtung kann eine Rolle spielen. Schon die Vorgehensweise in der Eingewöhnungsphase kann enorme Unterschiede aufweisen, was für ein Kind ausschlaggebend dafür sein kann, ob sich gut einlebt oder nicht. Hierbei ist die Frage zu berücksichtigen, ob Eltern und Kind die Zeit gegeben wird, die Räumlichkeiten und das Personal zusammen kennen zu lernen, ob während der ersten Zeit eine verlässliche Erzieherin anwesend ist und sich um dieses Kind kümmert und ob am Anfang besondere Rücksicht auf seine individuellen Bedürfnisse genommen wird.

Zusammenfassend kann gesagt werden: Je kleiner das Kind ist, desto wichtiger sind für es die „sichere Basis" der Erzieherin mit Schutz- und Trostfunktion. Wenn das Kind größer ist, werden Assistenz und Explorationsunterstützung wichtiger. Das Erzieherverhalten muss daher in altersgemischten Gruppen stets angepasst und reflektiert werden.

## 5. Abschluss

Zunehmend wird die Fremdbetreuung von immer kleineren Kindern diskutiert. Dass Betreuungsplätze angeboten werden müssen, um arbeitende Eltern zu entlasten, ist unbestritten. Aber dabei sollte das Wohl des Kindes nicht vergessen werden. Je kleiner das Kind ist, desto wichtiger ist die feste Bezugsperson. Dies ist im Normalfall die Mutter oder zunehmend auch der Vater.

Ich habe beschrieben, wie sichere Bindungen auch in öffentlichen Kindertageseinrichtungen entstehen können. Dies ist die Voraussetzung für eine weitere gute Entwicklung des Kindes. Es wäre falsch zu sagen, man könne durch außerfamiliäre Erziehung Entwicklungsstörungen positiv beeinflussen und unsicher gebundenen Kindern somit die Chance geben, eine sichere Bindungserfahrung machen zu können. Denn Studien haben ergeben, dass unsicher gebundene Kinder ihr Bindungsverhalten auf die Erzieherin übertragen und somit unsicher gebunden bleiben. Umgekehrt schaden die Erfahrungen aus Kindereinrichtungen sicher gebunden Kindern nicht, sie verlieren die sichere Bindung nicht. Es bleibt also festzuhalten, dass Fremdbetreuung – sofern sie ein entsprechendes pädagogisches Konzept, feinfühliges Personal sowie eine ausgewogene Gruppenstruktur hat – kaum etwas am mitgebrachten Bindungsverhalten der Kinder ändert.

Dennoch sollte das Bindungsverhalten der Kinder von den Erzieherinnen stark berücksichtigt und einbezogen werden, was eine genaue Kenntnis der Sachlage erfordert. Nur mit einer guten theoretischen Kenntnis und individuellem feinfühligem Verhalten kann den Bedürfnissen der Kinder auch in der Fremdbetreuung Rechnung getragen werden. Durch gute Zusammenarbeit zwischen Eltern und Erziehern und regelmäßigen Austausch können am ehesten eventuell bestehende Defizite aufgegriffen und bearbeitet werden. Dies setzt jedoch genug (Zeit-)Kapazitäten beiderseits voraus.

Meiner Meinung ist jedoch nur so sicher gestellt, dass unsere Kinder eine positive, lebensbejahende und selbstsichere Entwicklung durchlaufen können.

## Literaturverzeichnis

Becker-Stoll, Fabienne; Textor, Martin R. (Hrsg.): Die Erzieherin-Kind-Beziehung. Cornelsen Verlag, 2007

Brisch, Karl Heinz: Bindungsstörungen. Von der Bindungstheorie zur Therapie. Klett-Cotta, Stuttgart 1999. Dritte Auflage 2000

Brisch/Grossmann/Grossmann/Köhler (Hrsg.): Bindung und seelische Entwicklung. Klett-Cotta, Stuttgart 2002

Ettrich, Klaus Udo (Hrsg.): Bindungsentwicklung und Bindungsstörung. Georg Thieme Verlag, Stuttgart 2004

Holmes, Jeremy: John Bowlby und die Bindungstheorie. Ernst Reinhardt Verlag, München 2002

Keller, Heidi (Hrsg.): Handbuch der Kleinkindforschung. Springer Verlag, 1989

Largo, Remo H.: Babyjahre. Die frühkindliche Entwicklung aus biologischer Sicht. Piper Verlag 1995. 12. Auflage 2001

Brazelton, T. B. & Greenspan, S. I.: Die Sieben Grundbedürfnisse von Kindern. Was jedes Kind braucht, um gesund aufzuwachsen, gut zu lernen und glücklich zu sein. Weinheim: Beltz, 2002

**Internetquellen:**

http://de.wikipedia.org/wiki/Bindungstheorie

Brazelton, T. B. & Greenspan, S. I. (2002). Die Sieben Grundbedürfnisse von Kindern. Was jedes Kind braucht, um gesund aufzuwachsen, gut zu lernen und glücklich zu sein. Weinheim: Beltz.
http://userpage.fu-berlin.de/~balloff/altesemester/alt/Folien_Grundbeduerfnisse.htm

Scarlett Henning

## Die Rolle von Bindung zwischen Kindern und Eltern und ihre Folgen für die lebenslange Entwicklung

2011

## 1. Einleitung

Versagen die Eltern im sozial-emotionalen Umgang mit ihrem Kind, versagt das Kind später im Leben.

Diese Hypothese beschreibt einen Sachverhalt, der bis heute stark umstritten ist. Ist es wirklich so einfach nach dem Prinzip von Freud zu gehen, dass das, was im Säuglings- und Kleinkindalter vernachlässigt wurde, später nicht mehr nachgeholt werden kann (vgl. Oerter 1993, S. 78)?

Wie komplex das Thema der Eltern-Kind-Bindung ist, zeigt einer der bekanntesten Entwicklungspsychologen Bowlby in seiner Bindungstheorie auf. Auch John Bowlby unterstreicht, wie viele andere Wissenschaftler, die Tatsache, dass die Eltern besonders in den ersten Lebensjahren des Kindes eine wichtige und entscheidende Rolle spielen. Das Kind ist abhängig von der Pflege, dem Schutz und der Fürsorge der Eltern. Den Eltern ist oft der Einfluss, den sie auf ihr Kind haben, gar nicht bewusst.

In meiner Hausarbeit werde ich darauf eingehen, wie sich die Eltern-Kind-Bindung in der Säuglings- und Kleinkindphase entwickelt. Hier werde ich mich speziell an der Bindungstheorie nach Bowlby und an die Forschungsarbeiten von Mary Ainsworth orientieren. Ob und wie schlechte Bindungserfahrungen eine Rolle im späteren Leben am Beispiel des Jugendalters spielen und welche Bedeutung der Sozialen Arbeit zuzuschreiben ist, werde ich am Ende meiner Arbeit analysieren. Zu betonen ist, dass in den wissenschaftlichen Texten oftmals nur von der Mutter als wichtigste Bezugsperson die Rede ist. Allerdings lässt sich das Bindungskonzept auch auf den Vater beziehen (vgl. Oerter & Montada 2008, S. 217). Ein weiterer Punkt ist, dass ich mich nur auf die Säuglings-, Kleinkind- und Jugendphase konzentriere. Andere Phasen wie Schulkindalter oder Erwachsenenalter lasse ich außer Acht.

## 2. Definition des Bindungsbegriff

Da der Begriff der Bindung ein zentraler und wichtiger Bestandteil meiner Hausarbeit ist, ist es entscheidend ein allgemeines Verständnis darüber zu schaffen. Nach dem Werk von Jungmann und Reichenbach „Bindungstheorie und pädagogisches Handeln" (2009, S. 15) wird Bindung wie folgt definiert: „Mit dem Begriff Bindung wird die enge soziale Beziehung zu bestimmten Personen, die Schutz oder Unterstützung bieten können, bezeichnet". In dem Fall der Eltern-Kind-Bindung beschreibt die Bindung die enge soziale Beziehung zwischen dem Kind und dessen Eltern, die fürsorglich sind. Dabei ist zu bemerken, dass nicht von Anfang an eine Bindung zwischen Eltern und Kind vorliegt. Bindung ist ein Prozess, der sich über Monate und Jahre hinweg durch intensiver Interaktion kindlicher und elterlicher Verhaltensweisen entwickelt (vgl. Jungbauer 2009, S. 42).

### 2.1 Bindungstheorie nach Bowlby

John Bowlby, welcher als Pionier der Bindungsforschung gilt, stellte den Begriff der Bindung, welcher im ersten Abschnitt definiert wurde, in den Mittelpunkt seiner Forschungen und entwickelte die Bindungstheorie. Diese Theorie revolutionierte den damaligen Stand des Wissens. Während man vorher an dem Gedanken der Triebtheorie aus der Psychoanalyse von Freud festhielt, konzentrierte sich Bowlby auf die Gründe, warum ein Mensch dazu neigt, enge emotionale Beziehungen einzugehen mit Hinblick auf die Folgen, die eine Beeinträchtigung dieser Beziehungen auf die seelische Gesundheit und weitere Entwicklung haben kann (vgl. Jungmann & Reichenbach 2009, S. 15). Bowlby unterschied neben der Bindung das Bindungsverhalten, welches genetisch bedingt ist und eine biologische Funktion hat. Dieses Bindungsverhalten sichert das Überleben des Säuglings. Es hat zum einen die Aufgabe dem Kind die Nähe und den Schutz einer Bezugsperson durch angeborene Reflexe und Verhaltensmuster wie z.B. Lächeln oder Schreien zu sichern. Es verursacht eine biologische Reaktion der Mutter bzw. des Vaters auf die Signale des Kindes mit fürsorglichem Verhalten zu reagieren. Dabei spielt die Qualität der Fürsorge keine entscheidende Rolle. Kinder binden sich an die Personen, denen sie vertrauen. Deshalb bilden sie während der ersten Lebensmonate eine Hierarchie der Bezugspersonen, an deren erster Stelle oftmals die Mutter steht. Das Bindungsverhalten entwickelt sich in den ersten drei Lebensjahren des Kindes und lässt sich in vier Phasen einteilen. In der ersten Phase, bis circa drei Monate, ist das Kind noch an keine bestimmte Person gebunden. Man sagt, es ist „allgemein sozial ansprechbar". Ab drei Monaten ändert sich dieses Verhalten langsam. Das Kind fängt an zwischen vertrauten und unvertrauten Personen zu unterscheiden und sucht mehr die Nähe der, für ihn eingeschätzten, vertrauten Person. Man spricht in der Phase von „personenunterscheidender Ansprechbarkeit". In der kritischen Phase zwischen dem 7.-8. Lebensmonat entwickelt das Kind ein Bindungssystem. Das sich durch Fremdeln und Trennungsangst äußert. Das gefährliche in dieser Phase ist, dass eine längere Trennung von der Mutter ohne Ersatz hier zu einem depressionsartigem Zustand führen kann. Ab dem Alter von drei Jahren wird das Kind wieder unabhängiger von wichtigen Bezugspersonen („Dezentrierung"). Eine vorübergehende Abwesenheit von Bindungspersonen kann es nun ertragen. (Vgl. Jungbauer 2009, S. 44-45) Bei diesen vier Entwicklungsphasen nach Bowlby ist zu erkennen, dass es einige Zeit in Anspruch nimmt, bis ein Kind sich an eine Bezugsperson bindet, aber es ebenso versucht, nach nicht allzu langer Zeit wieder unabhängiger von der vertrauten Person zu werden.

## 2.2 Bindungsverhaltenssystem und Explorationsverhaltenssystem

Wie im obigen Abschnitt erläutert, fängt ein Kind im Alter von 3 Jahren an sich langsam wieder unabhängiger von den Bezugspersonen, den Eltern, zu machen. Es erkundet seine Umgebung und spielt mit Objekten. Dieses Verhalten bezeichnet Bowlby als Explorationsverhalten. Dem Explorationsverhalten gegenüber steht das Bindungsverhalten. Diese beiden Systeme sind komplementär. Das bedeutet, dass sie sich auf der einen Seite ergänzen, aber auf der anderen Seite nicht zur gleichen Zeit vollkommen aktiviert sind. In unsicheren Situationen ist das Bindungsverhaltenssystem aktiviert. Das Kind hat die Sicherheit in einer für ihn angsteinflößenden Situation Zuflucht bei den Eltern zu finden. Genau dieses Wissen benötigt das Kind, um das Explorationsverhalten entfalten zu können. Nur durch die Eltern, als sichere Basis, fängt es an in sicheren Situationen zu explorieren und daraus resultierende Lernerfahrungen zu sammeln. Diese Wechselwirkung ist sehr wichtig für das Kind. (Vgl. Jungmann & Reichenbach 2009, S. 18)

## 2.3 Verhalten der Eltern und daraus resultierende Bindungsqualitäten

Im Abschnitt 2.2 wurde deutlich, wie wichtig Eltern für das Kind sind, um selbstständig zu explorieren und notwendige Erfahrungen zu sammeln. Erst wenn das Kind die Fürsorge spürt, fühlt es sich sicher. Auch Mary Ainsworth, eine Kinderpsychologin, stellte fest, dass das Zuwendungsverhalten der Eltern, besonders der Mutter, in den ersten Lebensjahren des Kindes ausschlaggebend dafür ist, welches Bindungsverhalten das Kind annimmt. Anhand eines Tests „Fremde Situation" testete sie Kinder im Alter von 12-24 Monaten nach ihrer Reaktion auf ihre Bezugspersonen, von denen sie in bestimmter Abfolge getrennt und wiedervereint wurden. Das Resultat dieses Tests waren drei verschiedene Bindungstypen und das Verhalten der Eltern, dessen denen zugrunde liegen. Ein konsistent feinfühliges Verhalten ist gekennzeichnet durch Einfühlsamkeit, Verlässlichkeit und Zuwendung. In den meisten Fällen entwickelt ein Kind bei solch einem Verhalten der Eltern eine sichere Bindung (Bindungstyp B). Sicher gebundene Kinder reagieren in Trennungssituationen der Eltern sehr beunruhigt. Sie lassen sich nicht von fremden Personen trösten und werden erst ruhiger, wenn die Eltern wieder da sind. Die Kinder schmiegen und kuscheln sich an. Sie haben ihre sichere Basis wieder. Daraus lässt sich schlussfolgern, dass das Bindungs- und Explorationsverhaltenssystem dieser Kinder im Gleichgewicht sind. Bei einem eher konsistent distanzierten Verhalten sind Eltern wenig sensibel, sehr distanziert oder abweisend. Daraufhin unterdrückt das Kind seine Bedürfnisse nach Nähe und Zuneigung. Das Bindungsverhalten wird minimiert. Das Explorationsverhaltenssystem dominiert also. Das Kind entwickelt ein unsicher-vermeidendes Bindungsverhalten (Bindungstyp A). Diese Kinder reagieren nur wenig bei Trennungen von den Eltern. Sie konzentrieren sich weiter auf ihre Umgebung und selbst bei Wiederkehr der Eltern wirken sie desinteressiert. Sie vermeiden sogar den Kontakt und die Nähe. Diese Selbstständigkeit ist allerdings mit einem hohen Stresspegel verbunden. Also wiederum belastend für das Kind. Der unsicher-ambivalente Bindungstyp (Bindungstyp C) ist die Ursache von einem sehr wechselhaften (inkonsistent) Verhalten der Eltern gegenüber dem Kind. Mal gekennzeichnet durch Fürsorge und Liebe oder mal durch Distanz und Kälte. Das Kind reagiert auf dieses Verhalten sehr irritiert. Es weiß nie, wie die Eltern auf seine Bedürfnisse reagieren, deshalb neigt es zu Übertreibungen wie zum Beispiel bei Schmerz oder Kummer durch übertriebenes Schreien, damit dieses Bedürfnis auch wirklich wahrgenommen wird. In einigen Fällen entsteht auch das Gefühl von Ärger eines Kindes gegenüber dessen Eltern. Beim Bindungstyp C überwiegt grundlegend das Bindungsverhaltenssystem. Ein Verhalten, indem so gut wie gar keine Fürsorge zu spüren ist, ist das verletzende Verhalten geprägt durch Traumatisierungen des Kindes wie Misshandlung oder Missbrauch. Das Kind hat durch dieses Verhalten der Eltern nicht gelernt, wie es mit ihnen umgehen soll. Ob es nun ihre Nähe und ihren Schutz suchen soll oder sie lieber meiden soll. Kinder, die solch ein Verhalten erfahren haben, entwickeln oft ein desorganisiertes/desorientiertes Bindungsverhalten (Bindungstyp D). Kinder mit einem solchen Bindungsmuster sind unabhängig von der elterlichen Feinfühligkeit. Sie zeigen oft seltsame Verhaltensweisen wie zum Beispiel Einfrieren des Gesichtsausdrucks. Anders als bei den anderen Bindungstypen haben diese Kinder keine Bindungsstrategie. Dieser Bindungstyp wurde in einer späteren Studie von Main und Solomon im Jahre 1990 erforscht. Die Feinfühligkeit der Eltern spielt also eine wesentliche Rolle für das Kind. Feinfühlige Eltern sind in der Lage die körperlichen und seelischen Bedürfnisse ihres Kindes zu erkennen und einfühlsam darauf zu reagieren. (Vgl. Jungbauer 2009, S. 45-47)

## 2.4 Auswirkungen der Bindungsqualität im Jugendalter

Das Verhalten der Eltern gegenüber ihrem Kind ist von großer Bedeutung. Sie prägen das Bindungsverhalten des Kindes. Auch im Jugendalter zeigt sich das aus der Kindheit angenommene Bindungsverhalten. Im Jugendalter beginnt der Jugendliche sich mehr für die Welt zu interessieren als für die Familie. Er geht eine emotionale Bindung zu einem Partner ein. Besonders hier wirken sich die verschiedenen Bindungstypen nachhaltig auf den Alltag aus. Aber auch Bindungen zu Gleichaltrigen werden eingegangen und vertieft. Sicher gebundene Jugendliche übernehmen in ihrer Clique oft die Führungsposition. Sie sind selbstbewusster, sozial kompetenter und offener für neue soziale Kontakte. Unsicher gebundene Jugendliche isolieren sich eher (vgl. Jungmann & Reichenbach 2009, S. 26-27). Auch bewirkt eine sichere Bindung einen besseren Umgang mit Belastungen und kritischen Lebensereignissen Eine effektive Bewältigungsstrategie und eine optimistische Grundhaltung sind das Ergebnis. Daraus folgt, dass unsichere Bindungen gerade im Jugendalter, wo die eigene Identitätsfindung an erster Stelle steht, gravierende Folgen haben können wie belastungsbedingte Entwicklungsstörungen, psychosomatische Störungen (zum Beispiel Magersucht) oder Verhaltensauffälligkeiten (vgl. Jungbauer 2009, S. 48).

## 3. Diskussion zur These

Im letzten Abschnitt wurden die Auswirkungen der Bindungserfahrungen aus der Kindheit auf das Jugendalter dargestellt. Nach diesen Aspekten kann man behaupten, dass eine wenig fürsorgliche Kindheit Auswirkungen auf das spätere Leben hat. Ich stimme dem zu, finde das jedoch trotzdem zu pauschal, da man das Gesamte betrachten muss. Es gilt zunächst zu klären, warum Eltern sich nicht fürsorglich ihrem Kind gegenüber verhalten können. Ein wichtiger Grund dafür ist das innere Arbeitsmodell der Eltern. Haben diese selber schlechte Bindungserfahrungen in der Kindheit erlebt, verhärten sich diese im Laufe des Lebens zu einem relativ festen und stabilen Modell. Das innere Arbeitsmodell beinhaltet das Funktionieren von sozialen Beziehungen. Je nachdem welchen Bindungstyp man entspricht, hat man eine bestimmte Sicht zur sozialen Umwelt und zur eigenen Person (vgl. Jungbauer 2009, S. 48). Diese Erfahrungen führen dazu, dass die Eltern nicht angemessen auf die Bedürfnisse ihres Kindes reagieren können. Es entstehen die unterschiedlichen Verhaltensweisen wie in 2.3 bereits beschrieben. Aber auch die Reflexionsfähigkeit der Eltern, inwiefern sie eigene Kindheitserfahrungen verarbeitet haben und die Fähigkeit, sich in das Kind hineinzuversetzen, spielen eine Rolle (vgl. Jungmann & Reichenbach 2009, S.35). Auch das Verhalten der Kinder, welches durch Temperamentsmerkmale geprägt ist, kann eine Ursache sein. Vertreter dieser Theorie wie zum Beispiel Thomas und Chess behaupten, dass jeder Mensch fast von der Geburt an diese Merkmale besitzt. Das hat zur Folge, dass es zu einer wechselseitigen Beeinflussung zwischen Eltern und ihrem Kind kommt (vgl. Oerter 1993, S. 82-83). Während nach Ainsworth erforscht wurde, welche Form des elterlichen Verhaltens Einfluss auf das Kind hat, hat die Reaktion des Kindes wiederum einen Einfluss auf das Verhalten der Eltern. Kinder mit Defiziten rufen meist eine Überforderung bei den Eltern hervor. Sie wissen oft nicht, wie sie mit ihrem Kind umgehen sollen. Dabei kommt es genau darauf an, wie die Eltern auf das Temperament reagieren und ob sie in der Lage sind sich an das Kind anzupassen oder Möglichkeiten zu entwickeln den Verhaltensstil des Kindes zu verändern (vgl. Oerter 1993, S. 83). Also müssen nicht unbedingt immer schlechte Erfahrungen zum Versagen führen, sondern auch Unwissenheit und fehlende Kenntnisse im Umgang mit einem Kind. Eine Tatsache, die unumstritten ist, ist die, dass die Bindung eine wichtige Rolle spielt, da das Kind ohne die sichere Basis der Eltern nicht frei explorieren kann. Somit werden kaum Erfahrungen über die Umwelt gesammelt, denn auch die Kinder entwickeln anhand von Erfahrungen ihr inneres Arbeitsmodell. Negative Erfahrungen führen also zu einer negativen Sicht der sozialen Umwelt und sich selbst gegenüber, was zum Versagen führen kann, sprich meine These belegt. Selbst Bowlby beschrieb am Beispiel des Rangierbahnhofes, dass je weiter man vom richtigen Gleis abkommt, es umso schwerer ist dahin zurück zu kehren, besonders je älter man ist (vgl. Jungmann & Reichenbach 2009, S.32). Also je mehr Erfahrungen man sammelt, die zu einem unsicheren Bindungsverhalten führen, umso schwieriger ist es dieses Verhalten abzulegen. Es ist zwar schwierig, aber nicht unmöglich. Durch positive Erfahrungen mit Freunden oder dem Partner, die mit den Erfahrungen in der Kindheit nicht übereinstimmen, kann das innere Arbeitsmodell beeinflusst werden (vgl. Oerter 1993, S. 88). Auch in Bowlbys Beispiel ist die Tatsache versteckt, dass ein Zurückkehren auf das richtige Gleis nicht unmöglich ist. Es gibt zwar viele Studien, die aufzeigen, dass Erwachsene mit Problemen der seelischen oder körperlichen Gesundheit, über gestörte und traumatische Familienverhältnisse klagen. Auch amerikanische Längsschnittstudien zeigten einen Zusammenhang zwischen Problemen in der Kindheit und späteren Folgen im Leben wie Kriminalität. Jedoch gibt es auch Menschen, die unter ähnlichen Bedingungen aufgewachsen sind und einen normalen Weg eingeschlagen haben (vgl. Oerter 1993, S. 87). Um Beeinträchtigungen in der Bindung zwischen Eltern und ihrem Kind vorzubeugen, ist die Soziale Arbeit bemüht. Die Erziehungsberatung besonders für junge Mütter/Eltern, Alleinerziehende, Eltern am Existenzminimum oder psychisch kranken Eltern ist eine Methode (vgl. Jungbauer 2009, S. 51). Auch die Einführung der Elternbriefe ist, so habe ich es im Praktikum in einer Familienberatung erfahren, ein wichtiger Schritt. Die Eltern bekommen in bestimmten Abständen kleine Ratgeber zu dem entsprechenden Alter des Kindes. Sie helfen in überfordernden Situationen richtig zu handeln. Die Soziale Arbeit ist eine wichtige Instanz schlechte Erfahrungen in der Kindheit zu korrigieren bzw. zu helfen damit umzugehen um ein normales Leben führen zu können. Somit wird auch Kindern und Erwachsenen mit bereits unsicherem Bindungsverhalten geholfen. Es geht, meiner Meinung nach, darum, die Ressourcen, die der Mensch in sich trägt, zu stärken und ihn auf belastende Situation vorzubereiten, denen er selbstbewusst entgegentritt, um sie selber zu lösen. Somit widerlegt die Soziale Arbeit meine These, in denen sie Menschen dabei hilft, schlechte Bindungserfahrungen zu verarbeiten und diese durch Maßnahmen vorzubeugen. Also kann zwar das Versagen der Eltern nachteilig auf das Kind wirken jedoch muss dieses nicht unbedingt im späteren Leben versagen, besonders nicht mit Hilfe und Unterstützung.

## 4. Schlussbetrachtung

Eine fürsorgliche Eltern-Kind-Bindung ist fördernd für eine gesunde Entwicklung des Kindes. Eine vernachlässigende Eltern-Kind-Bindung kann zu Problemen im weiteren Leben führen. Dabei liegt die Betonung auf das Wort „kann". Die in der Einleitung von mir formulierte These, dass das Versagen der Eltern im sozial-emotionalen Umgang mit ihrem Kind, das Versagen des Kindes im weiteren Verlauf des Lebens als Ursache hat, kann man nicht direkt beweisen oder aufheben. Es gibt zahlreiche glaubwürdige Studien, die das entweder belegen oder widerlegen. Somit wird diese Problematik weiterhin die Meinungen spalten. Trotz allem ist es auch wichtig, darüber zu diskutieren. Bowlby stellte in seiner Bindungstheorie dar, wie entscheidend die Eltern für das Kind sind. Kinder benötigen gerade in den ersten Lebensjahren den Schutz und die Fürsorge der Eltern, das betonte auch Ainsworth in ihren Forschungsarbeiten. Es ist notwendig, die Bindung zwischen Eltern und ihrem Kind zu analysieren, um bei Belastungen zu helfen und diese vorzubeugen. Vielleicht wird es bald wieder neue Theorien über die Eltern-Kind-Bindung geben, die dann, wie es damals Bowlby mit seiner Bindungstheorie tat, den aktuellen Stand der Forschung revolutionieren.

## 5. Literaturverzeichnis

JUNGBAUER, J. (2009). Familienpsychologie (S. 44-51). Weinheim: BeltzPVU.

JUNGMANN, T. & REICHENBACH, C. (2009). Bindungstheorie und pädagogisches Handeln. Ein Praxisleitfaden (S. 15-19). Dortmund: Borgmann.

OERTER, R. & MONTADA, L. (2008). Entwicklungspsychologie (S. 217). Weinheim: BeltzPVU.

OERTER, R. (1993). Ist Kindheit Schicksal? Kindheit und ihr Gewicht im Lebenslauf. In Deutsches Jugendinstitut (Hrsg.), Was für Kinder. Aufwachsen in Deutschland. Ein Handbuch (S. 79-88). München: Kösel.

Mareike Lüdeke

## Die Entwicklung der frühen Mutter-Kind-Beziehung

2009

## 1. Einleitung:

Die Hausarbeit befasst sich mit der Entwicklung der frühen Mutter-Kind-Bindung/der Bindungsqualität zwischen Mutter und Kind/dem Thema Mutter-Kind-Beziehung. Der Inhalt lässt sich stellenweise auch auf die männliche Bezugsperson übertragen. Diese wird aufgrund des Themas allerdings nicht berücksichtigt. Zu dem Thema sind Informationen aus dem Forschungs- und Praxisbereich der Bindungs- und Objektbeziehungstheorie zu ziehen.

Ansätze der Objektbeziehungstheorie legen ihren Schwerpunkt auf die Loslösung des Kindes aus der Mutter-Kind-Symbiose (Selbst-Objekt-Differenzierung), die Autonomieentwicklung sowie die frühe Mutter-Kind-Interaktion. Als Begründer gilt die Britische Schule, insbesondere die Arbeiten von Klein, Fairbairn und Winnicott (1950er bis 80er Jahre). Für die Arbeit wurde Literatur von Brazelton und Cramer (1994) und Spangler und Zimmermann (2004) verwendet. Diese konzentrieren sich auf die Bindungstheorie zur Beschreibung der Mutter-Kind-Beziehung. Die Bindungstheorie wurde von dem britischen Psychiater Bowlby und der kanadischen Psychologin Ainsworth in den 1960er Jahren entwickelt. In ihren Annahmen befasst sie sich mit frühen Einflüssen der Eltern-Kind-Beziehung auf die (emotionale) Entwicklung des Kindes und versucht Aufbau und Veränderung von Bindungsbeziehungen im gesamten menschlichen Lebenslauf zu erklären. Damit verbindet sie ethologisches, entwicklungs-psychologisches, systemisches und psychoanalytisches Denken.

Brazelton und Cramer (1994) führen unterschiedliche Faktoren zur Entstehung der Bindungsqualität auf, z.B. die frühe Interaktion und transgenerationale Effekte und heben damit treffend hervor, dass es sich bei der Mutter-Kind-Beziehung immer um einen wechselseitigen Anpassungsprozess handelt. Zusätzlich werden der komplementäre Ansatz zur Bindungsdeutung und Fallbeispiele vorgestellt.

Spangler und Zimmermann (2002) stellen eine Ansammlung an Aufsätzen zusammen und behandeln dabei historische Hintergründe, theoretische Grundlagen, Bindungsforschung und Anwendungsmöglichkeiten der Bindungstheorie.

Da der Schwerpunkt nicht auf Störungen im Bindungsverhalten lag, wurde der ICD-10 für diese Arbeit hinzugezogen.

Im Hinblick auf mütterliches (emotionales) Verhalten sind laut experimentellen Untersuchungen (z. B. Grossmann 1989), keine signifikanten Effekte in Abhängigkeit vom kindlichen Geschlecht zu erkennen. Geschlechtsunterschiede finden sich nur im mütterlichen Verhalten in Spielsituationen (z.b. Grossmann 1984), weshalb die Bindung an Tochter oder Sohn in dieser Klausur nicht getrennt behandelt werden.

Nach der Aufführung relevanter Definitionen, z.b. des Bindungsverhaltens, werden in Abschnitt I zunächst unterschiedliche Faktoren zur Entstehung der Bindungsqualität aufgeführt. Da es sich bei der Mutter-Kind-Beziehung um einen wechselseitigen Anpassungsprozess handelt, beinhalten diese sowohl Verhaltensmuster, Reaktionsvermögen und sensorische und kognitive Fähigkeiten des Kindes als auch die frühe Mutter-Kind-Interaktion, den Kinderwunsch und Aspekte der mütterlichen Biografie.

In Abschnitt II werden die aus der Bindungsbeziehung folgenden Hauptbindungsmuster A, B und C und das von Main und Salomon (1990) ergänzte unsicher-desorganisierte Modell (D) beschrieben und auf die Spielbeziehung, u.a. als Kompensation für fehlende Bindungssicherheit, und die sachorientierte Beziehung eingegangen. Diese entwickeln sich neben der Bindungsbeziehung.

Aufgrund des beidseitigen Einflusses von Säugling und Mutter auf die Bindungsqualität können sich Bindungsstörungen entwickeln. In diesem Zusammenhang geht Abschnitt III auf die Anwendung und Umsetzung der Bindungstheorie in der Diagnostik familiärer Funktionsstörungen und Bindungsstörungen ein.

Zuletzt wird der komplementäre Ansatz zur Erfassung der Bindungsqualität aus der Säuglingsforschung vorgestellt (Abschnitt IV) und anhand eines Fallbeispiels von Brazelton und Cramer (1994) veranschaulicht (Abschnitt V).

## 2. Entwicklung der Bindungsqualität

Die Bindungsbeziehung ist durch Emotionalität, Stabilität und gemeinsame Geschichte gekennzeichnet. Die früheste Bindung ist in der Regel die primäre Bezugsperson. Bowlby (1969, 1973, 1980) – als Begründer der Bindungstheorie – beschreibt Bindung „als ein emotionales Band", das über Raum und Zeit bestehen bleibt.

Bindungsverhalten ist ein Verhalten, das auf Personen ausgerichtet wird, die für fähiger gehalten werden, die aktuelle Situation zu bewältigen mit dem Ziel, Nähe und Kommunikation aufrechtzuerhalten, um damit ein Gefühl der Sicherheit zu bekommen.

In seinen ersten Forschungen fand Bowlby heraus, dass es sich bei dem Bindungsverhalten gemäß der Sekundärtriebtheorie um einen selbstständigen Prozess handelt, der nicht von dem Bedürfnis nach Sexualität oder Nahrung abhängig ist.

Die fünf angeborenen Instinkthandlungen (Triebreaktionen) der Säuglinge, Lächeln, Schreien, Nachfolgen, Anklammern und Saugen, führen zur zunehmenden Nähe zwischen Mutter und Kind. Im ersten Lebensjahr reifen diese heran und ab dem sechsten Monat werden sie in das Bindungsverhaltenssystem integriert und auf die Mutter ausgerichtet. Die Entwicklung einer Bindung ist demzufolge stabil. Die Bindungsqualität hingegen ist umweltlabil, d.h. sie wird sowohl durch Verhaltensdispositionen der Mutter (z.B. Körperkontakt, Responsivität, Feinfühligkeit) als auch durch Eigenschaften des Säuglings (z.B. Irritierbarkeit, Temperament) bestimmt. Die Säuglinge kommen mit der angeborenen Bereitschaft, Beziehungen einzugehen, auf die Welt. Komplementär dazu sind Mütter mit den Verhaltensbereitschaften ausgestattet, die auf die kindlichen Bindungsverhaltensweisen reagiere bzw. Sorge und Pflege begünstigen.

### 2.1 Bindungsdynamik im Familiensystem

An dieser Stelle werden allgemeine Informationen über die Bindungsdynamik im Familiensystem gegeben. Diese wurden ursprünglich von Scheuerer-Englisch (2002) im Rahmen der Arbeit in einer familientherapeutischen Praxis aufgestellt, sind aber für das Gesamtverständnis der Thematik sinnvoll. Es können das Bindungs-, das Fürsorge- und das Explorationsverhaltenssystem differenziert werden.

Ersteres (Kindband zu den Eltern) stellt die Nähe des Säuglings zur Mutter her. Neben der Funktion, das Überleben des Kindes zu sichern, befriedigt es das menschliche Grundbedürfnis nach Zuwendung, Zuneigung und Zugehörigkeit. Die Mutter dient als sichere Basis (secure base), so dass das Kind sich insbesondere in Situationen von emotionalem Stress beschützt fühlen kann.

Das Fürsorgeverhaltenssystem (Elternband zu dem Kind) bezieht sich auf elterliches, feinfühliges Verhalten in Pflegesituationen, demnach nach Ainsworth (1977) Feinfühligkeitskonzept sowohl auf die richtige Wahrnehmung und Interpretation kindlicher Signale als auch auf eine prompte, angemessene Reaktion (mütterliche Responsivität) darauf. Diese ist altersabhängig.

Das Explorationssystem, das komplementär zu dem Bindungsverhaltenssystem steht, beinhaltet die kindliche Neugier, Spiel und die Suche nach Bedeutungen und ist demzufolge ein lebensnotwendiger Lernprozess. Kinder beginnen ihre Umwelt zu erkunden, entfernen sich kurze Zeitspannen von der Mutter und wenden sich unbekannten Gegenständen und Personen zu. Die Explorationsbedürfnisse dienen zur Loslösung aus der Mutter-Kind-Symbiose, woran die Überschneidungen zur Objektbeziehungstheorie erkennbar sind.

## 2.2 Aktive Rolle des Säuglings

Säuglinge haben eine aktive Rolle bei der Entstehung der Bindungsqualität, d.h. sie gestalten die Reaktionsweisen ihrer Mutter aktiv mit. Die Verhaltensmuster des Säuglings und die mütterlichen Reaktionen darauf treffen aufeinander und fördern die Entstehung einer Bindung. Gestörtes Reaktionsvermögen oder kognitive oder sensorische Defizite, z.B. Blindheit, gefährden die Bindungsqualität. Trotz mütterlicher Feinfühligkeit wäre der Anpassungsprozess gestört und es könnte kein optimales Fürsorgeverhalten gewährleistet werden.

## 2.3 Reflexe und Sinneswahrnehmungen

Voraussetzung für die Bindungsentwicklung sind die Reflexe des Säuglings, z.B. der Saugreflex, zur Herstellung von Nähe und Kommunikation zwischen Mutter und Kind und seine sinnliche Wahrnehmung.

Säuglinge haben ein angeborenes Interesse für reaktionsfähige Gesichter, weshalb sie durch den visuellen Sinn schon früh lernen, ihre Aufmerksamkeit auf die Mutter zu richten.

Im Hinblick auf den akustischen Sinn kommt es (auch) zu einem wechselseitigen Anpassungsprozess zwischen Mutter und Kind: die Mutter lernt schnell, welche Tonhöhe die Aufmerksamkeit des Kindes weckt und das Kind passt seine Bewegungen der Stimme der Mutter an. Auch die olfaktorische Wahrnehmung ist bei Säuglingen schon hoch entwickelt. Da diese sich z.b. weigern die Flasche zu nehmen, wenn sie die Brust der Mutter riechen, kann der olfaktorische Sinn die Bindung vertiefen.

In Bezug auf die gustatorische Wahrnehmung besteht die Möglichkeit zur Vertiefung der Interaktion zwischen Mutter und Kind während des Stillens. Säuglinge warten z.b. auf die Reaktion der Mutter im Trinkphasen-Pausen-Rhythmus. Ähnlich trägt auch der taktile Sinn zur Bindungsentwicklung bei. Mütterliche Berührungen können stimulierend oder beruhigend wirken.

## 2.4 Verhaltenszustände

Die Reaktionen des Säuglings müssen von der Mutter im Zusammenhang mit seinen sechs Verhaltenszuständen gesehen werden. Diese beziehen sich auf den Wachheitsgrad und die Ansprechbarkeit des Säuglings, was die Intensität der Reaktionen und die Interaktionsbereitschaft beeinflussen. Es werden Tiefschlaf, Traumphasenschlaf (REM-Schlaf), Halbschlaf, wacher Aufmerksamkeitszustand, aufmerksamer, aber quengeliger Zustand und Schreien differenziert.

## 2.5 Frühe Interaktion

Die Bindungsqualität wird durch Erfahrungen in der frühen Mutter-Kind-Interaktion bestimmt. Diese kann u. a. mit „Still-face-Untersuchungen" (Tronick et al. 1978) oder mittels der Neonatal Behavioral Assessment Scale (NBAS) erfasst werden.

Die frühe Interaktion gleicht einem (interaktionalen) Rückkopplungssystem, d.h. sie besteht aus dem Wechseln von Reiz und Reaktion auf diesen Reiz, z.B. stellt ein Cluster von Verhaltensweisen des Kindes den Reiz dar (Output des

Säuglings) und ein Cluster von Verhaltensweisen der Mutter die Antwort auf diesen Reiz (Input für den Säugling). Mutter und Säugling lernen ihr Verhalten gegenseitig mitzubestimmen.

Nach Sander und Condon (1974) kann von der „Zugkraft" als charakteristisches Merkmal der frühen Interaktion gesprochen werden, d.h. Interaktion besteht aus einem Führen und Mitziehen. Mutter und Kind stellen Erwartungen aneinander, die den anderen mitziehen. Um einen symmetrischen Dialog zu erzielen, leisten Mutter und Kind abwechselnd einen aktiven Beitrag und warten auf Rückkopplung. Die Mutter muss dabei dem Rapport des Kindes feinfühlig begegnen, um zu wissen, ob sie das kindliche Signal richtig verstanden hat.

Säuglinge entwickeln zudem ein Kontrollsystem, um Überstimulation durch die Unausgeglichenheit von In-und Outputs (Aufnahme von Reizen und Reaktion) in der Interaktion zu vermeiden. Homöostase in der frühen Interaktion wird durch den Wechsel von Aufmerksamkeits- und Nichtaufmerksamkeitszyklen erzielt. Mütter müssen sich feinfühlig diesem Prozess anpassen, um ihr Kind nicht überzustimulieren. Gleicht die Mutter ihre Aufmerksamkeit dem Rhythmus des Säuglings zeitlich an, kann innerhalb der synchronen Kommunikation die Aufmerksamkeitsspanne verlängert werden (1-4 Monat). Grenzen werden getestet und ausgeweitet. Mutter und Kidn gleichen Temperament, Redestil etc. einander an. Die Interaktion muss insbesondere in dieser Zeit belohnend sein, so dass die Mutter-Kind-Bindung einen positiven Verlauf annimmt.

Nach der Fähigkeit zur interaktionalen, homöostatischen Kontrolle und der Verlängerung der Aufmerksamkeitsdauer, entwickelt das Kind zunehmend Selbstständigkeit und befriedigt aufbauend auf der Mutter als sichere Basis seine Explorationsbedürfnisse. Diese beinhalten schon das Blickverhalten ab dem vierten oder fünften Monat, wenn der Säugling beginnt, seine Aufmerksamkeit auf die Umwelt zu richten. Die Selbstständigkeit ist ein Merkmal einer gesunden Mutter-Kid-Beziehung. Eine gestörte Beziehung ist durch das Verharren in symbiotischer Verschmelzung gekennzeichnet.

Die Motivation zur Interaktion kann in- oder extrinsisch sein, d.h. durch innere oder äußere Antriebsquellen entstehen. Sowohl ein Gefühl von Kontroll- und Leistungsvermögen kann die Energie für die nächste Handlung bringen als auch eine fördernde Umwelt, d.h. die Interaktion kann durch Verstärkung seitens der Mutter unterstützt werden. Sind zu wenig umweltliche Reaktionen vorhanden, handelt es sich um eine äußere Störung des Rückkopplungssystems. Das verdeutlicht den Einfluss mütterlichen Verhaltens auf die Bindungsqualität. Ist die Reizschwelle des Säuglings sehr niedrig und dieser wird schnell überstimuliert, besteht eine innere Störung des Systems, was den Einfluss des Säuglings auf die Bindungsqualität darlegt.

## 2.6 Kinderwunsch

Zudem trägt der Kinderwunsch zur Bindungsqualität bei, denn die Motive für ein Kind stellen die Vorbereitung der Mutter auf die Bindung da. Ein Motiv ist z.b. die Identifikation mit der Rolle einer Mutter. Ferner kann der Wunsch nach Vollkommenheit bestehen, der durch die Schwangerschaft erreicht wird oder die werdende Mutter hat Symbiosephantasien, also das Verlangen nach Verschmelzung mit ihrem Kind. Die werdende Mutter erhält durch ihre Gedanken vor und während der Schwangerschaft die Fähigkeit, sich ihrem Kind nach der Schwangerschaft mütterlich zuzuwenden.

## 2.7 Mütterliche Biografie

Einen weiteren Einfluss auf die Bindungsqualität stellen Aspekte der mütterlichen Biografie dar, wenn diese in der Interaktion mit dem Kind eingebaut werden. Imaginäre Interaktionen treten häufig bei Todesfällen innerhalb der Familie auf. Die emotionalen Signale der Mutter sind dann so ausgelegt, dass der Säugling die Eigenschaften des Verstorbenen übernimmt und diesen verkörpert, z.B. bei einem Todesfall aufgrund von Anorexia nervosa gibt die Mutter aus Überbesorgnis dem kindlichen Signal, einmal keinen Hunger, eine andere Bedeutung. Das kann soweit führen, dass das Kind beginnt, wirklich nicht zu essen. Zudem kann sich der Säugling in der Rolle eines Geschwisterkindes der Mutter befinden. Hierbei werden Eifersuchtsgefühle der Mutter aus der Vergangenheit wiederbelebt, so dass die Mutter-Kind-Beziehung durch die Geschwisterrivalität beeinträchtigt wird.

Bindungsqualität wird auch durch Depressionen der Mutter beeinträchtigt. Säuglinge nehmen die Stimmung der Mutter früh wahr und entwickeln ein frühreifes Verhalten, um die Mutter nicht zu belasten. Kindesmisshandlung kann dann entstehen, wenn Mütter Unterstützung erwarten, der das Kind nicht gerecht werden kann.

Es kann ein Einfluss der Eltern-Kind-Beziehung der Mutter früher zu der zu ihrem eigenen Säugling bestehen. Die Mutter belebt hierbei typische Szenen aus ihrer Kindheit wieder. Bei häufiger Zurückweisung kann auch dies kennzeichnend für ihre jetzige Mutter-Kind-Beziehung sein. Oder es entsteht eine Beziehung, die das Gegenteil ihrer eigenen früher ist, z.b. stark autoritäres Verhalten in der Kindheit der Mutter kann zur Lockerheit und fehlender Strenge bei dem eigenen Kind führen.

Das Wiederaufleben vergangener negativer Gefühle der Mutter in der aktuellen Mutter-Kind-Beziehung kann zu starken Störungen der Bindung führen, die erst behoben werden können, wenn die Situation verstanden wird.

## 3. Hauptbindungsmuster und Beziehungsformen

Durch die frühe Bindungsbeziehung hat jeder Mensch interne Arbeitsmodelle von Bindung, also im Gedächtnis gespeicherte innere Bindungsrepräsentationen, aufgebaut. Diese beinhalten frühe Erfahrungen in der Mutter-Kind-Interaktion, mütterliches Verhalten und bindungsrelevante Ereignisse. Ihre Funktion besteht darin, Situationen der sozialen Welt zu simulieren, um Verhalten vorausschauend planen zu können. Das Kind lernt die Welt besser kennen, die Sprache, überlebenswichtige Verhaltensweisen und Gefahren einzuschätzen.

Dem Kind wird mittels der Anfertigung eines Arbeitsmodells über Interessen und Stimmung der Mutter und eins über sich selbst eine komplexe wechselseitige Beziehung zu der Mutter ermöglicht. Erfahrungen werden in ein Gesamtmodell, wie die Umwelt und die Bindungspersonen funktionieren, integriert.

Mit einem positiven bzw. negativen Arbeitsmodell der Bindungsperson, werden positive bzw. negative Erfahrungen auf andere Menschen übertragen, d.h. die weitere Wahrnehmung und der weitere Beziehungsaufbau werden nachhaltig beeinflusst.

Ein einjähriges Kind setzt sein Arbeitsmodell direkt in Verhalten um, was sich z.B. an der Begrüßung der Mutter nach einer kurzen Trennung zeigt. Ein sechsjähriges Kind verschlüsselt es in einem Dialog mit der Mutter und Erwachsene sprechen über Bindungserfahrungen, z.B. wird im Adult-

Attachment-Interview (AAI) von Bowlby und Main die Eltern-Kind-Beziehung auf Repräsentationsebene erfasst.

Die Bindungsverhaltensweisen differenzieren sich mit zunehmendem Alter du Fähigkeiten.

### 3.1 Hauptbindungsmuster

Nach Ainsworth können die drei Hauptbindungsmuster A, B und C klassifiziert werden: das sichere (B), das unsicher-ambivalente (C) und das unsicher-vermeidende (A). Sie analysierte mithilfe des Fremde-Situations-Test" (Uganda- und Baltimore-Studie) die mütterliche Feinfühligkeit für kindliche Signale, indem sie die Unterschiede der Verhaltensreaktionen einjähriger Kinder auf zwei räumliche Trennungen und Widervereinigungen untersuchte. Main und Salomon (1990) ergänzen 1990 das unsicher-desorganisierte Modell (D). Diese Verhaltensmuster, welche man im Alter von einem Jahr beobachten kann, überdauern bei 70% der Kinder bis ins Erwachsenenalter.

Es muss betont werden, dass bei der Beschreibung der Entwicklung der Hauptbindungsmuster in der Literatur der beidseitige Einfluss von Säugling und Mutter auf die Bindungsqualität häufig nur schwach aufgeführt wird, da der Fremde-Situations-Test überwiegend die mütterliche Feinfühligkeit erfasst. Diese steht aber auch in Abhängigkeit zu Eigenschaften des Säuglings.

Sicher gebundene Kinder (B) (ca. 60%) haben Vertrauen in die Verfügbarkeit der Mutter erfahren. Diese stellte die sichere Basis dar, während das Kind explorierte. Menschen mit sicherem Arbeitsmodell sind zumeist umgänglich und verfügen über gute Konfliktlösestrategien, so dass die Umwelt angemessen auf sie reagiert. Im Fremde-Situations-Test zeigt sich das Modell dadurch, dass das Kind die Mutter in sein Spiel integriert und die Balance zwischen Bindungs- und Explorationsverhaltensweisen gehalten wird. Es tritt Aufregung auf, wenn diese zum zweiten Mal den Raum verlässt. Bei ihrer Rückkehr lässt sich das Kind leicht trösten.

Das Modell kann sowohl aus einer sicheren Bindung in der Kindheit als auch durch Rebellion gegen die Eltern in der Adoleszenz oder Reflexion entstehen. Eine sichere Bindungsperson im Aufwachsen eines Kindes ist laut Angaben der Resilienzforschung der bedeutungsvollste Schutzmechanismus, z.B. gegen psychische Erkrankung.

Eltern unsicher-ambivalent-gebundener Kinder (C) (ca. 5-10%) verhielten sich inkonsistent und widersprüchlich auf den Wunsch nach Nähe. Da das Arbeitsmodell auf unsicherer Bindungserfahrung aufbaut, kommt es zu unangemessenem Verhalten gegenüber anderen. Die Kinder nehmen in Konfliktsituationen oft die Opferrolle ein und werden entsprechend behandelt. Charakteristisch sind Hilflosigkeit, Ängstlichkeit und Selbstunzufriedenheit sowie ein erhöhtes Maß an Ärger und Frustration im Verhalten. Im Fremde-Situations-Test zeigt sich das Modell durch eine starke Anhänglichkeit an die Mutter. Die Kinder sind aufgeregt, wenn die Mutter den Raum verlässt und suchen bei ihrer Rückkehr sofort ihre Nähe. Sie lassen sich nicht beruhigen. Demzufolge werden die Kinder auch als „Drama Queen" bezeichnet.

Unsicher-vermeidende Kinder (A) (ca. 20-25%) haben aufgrund elterlicher Zurückweisung Bindungsgefühle unterdrückt. Um erneute Zurückweisungen zu vermeiden, entwickeln sie Misstrauen und Vertrauensängste. Die Umwelt wird als frustrierend und feindselig wahrgenommen. In Konfliktsituationen nehmen sie oft die Täterrolle ein und werden zurückgewiesen. Personen dieses Modells zeigen eher vermeidende Bewältigungsstrategien im Alltag und wehren andere Personen ab. Gründe für die Entwicklung dieses Arbeitsmodells sich mütterliche Unfeinfühligkeit für die kindlichen Signale, Überstimulation oder verdeckte Feindseligkeit, d.h. negative Gefühle sind subliminal vorhanden. An dieser Stelle muss beispielsweise die Wechselseitigkeit betont werden, z.B. kann ein schwaches Reaktionsvermögen des Kindes die Überstimulation durch die Mutter provozieren. Im Fremde-Situations-Test wird die Mutter nicht ins Spiel integriert. Sie vermeiden diese auch in Stresssituationen. Äußerlich wirken sie desinteressiert, innerlich sind sie jedoch erregt, was Studien mit Herzschlagfrequenzmessern deutlich gemacht haben.

Das unsicher-desorganisierte Modell (D) tritt bei Kindern auf, die missbraucht wurden, also traumatisiert sind, oder deren Mutter bindungsrelevante Probleme wie Missbrauch, Trauerfall etc. erfahren hat oder psychisch krank ist. Diese verhält sich in bindungsrelevanten Situationen häufig unsicher, da ihr eigenes Bindungsverhaltenssystem durch die Traumatisierung aufrechterhalten wird (transgenerationale Effekte). Bei missbrauchten Kindern stellt die Mutter sowohl die sichere Basis als auch eine Gefahr dar, was zur Unterbrechung der Verhaltensstrategien des Kindes führt, z.B der look of fear with no where to go. Es ist nicht in der Lage, Erwartungen an die Bindungsperson in einem Arbeitsmodell abzubilden und zeigt widersprüchliche Verhaltensmuster, z.B. Suche nach Nähe gefolgt von Ablehnung. Die Desorganisation der Kleinkinder kann mit einem kontrollierten Verhalten der Mutter gegenüber mit sechs Jahren weichen. Dieses zeigt sich entweder in Abwertung der Mutter oder in Überfürsorglichkeit, was auf eine Parentifizierung, d.h. Rollenumkehr zwischen Mutter und Kind, schließen lässt.

Neben der mütterlichen Feinfühligkeit tragen Schutz- und Risikofaktoren zur Bildung der Arbeitsmodelle bei. Schutzfaktoren (protektive Faktoren) sind z.b. Geschwister, eine positive Vater-Kind-Beziehung, weitere Bezugspersonen und ein soziales Unterstützungsnetz. Unter Risikofaktoren fallen Trennung oder Krankheit der Eltern, eheliche Disharmonie, Heimerziehung (nach Bowlby) etc. Relevant in diesem Zusammenhang ist die Frage, wie die Entwicklung des Arbeitsmodells am Verhalten des Kindes und der Mutter erkannt werden kann.

Sicher gebundene Kinder (B) zeigen offenes und eindeutiges Bindungsverhalten. Sie suchen und wahren die Nähe und den Kontakt zur Bezugsperson. Kinder dieses Modell drücken offen ihre Gefühle aus, z.B. Trauer/Protest bei der Trennung von der Mutter. Im Körperkontakt mit der Mutter lassen sie sich leicht beruhigen. Ältere Kinder haben ein positives Selbstwertgefühl und eine positive Lebenshaltung auch in schwierigen Lebenssituationen. Mütter reagieren feinfühlig auf die Signale der Kinder. Ihre Reaktionen sind für das Kind vorhersehbar und zuverlässig.

Unsicher ambivalent gebundene Kinder (C) suchen und halten mäßig bis starken Kontakt. Sie zeigen sich ambivalent, z.B. äußern den Wunsch nach Nähe bei gleichzeitiger ärgerlicher Zurückweisung in Form von Widerstand gegen entstehenden Körperkontakt (z.B. werden auf den Arm genommen und schauen weg oder drücken sich weg. Häufig zeigen sie passives Verhalten oder den Ausdruck von Ärger du Zorn gegenüber der Mutter. Sie verhalten sich häufig sehr emotional. Mütter sind mal feinfühlig und mal ignorierend/feindselig. Die Reaktion der Mutter ist für das Kind nicht vorhersehbar. Interaktionen und Beziehung sind abhängig von der Befindlichkeit der Mutter.

Unsicher vermeidende Kinder (A) zeigen keine offenen und eindeutigen Bindungsverhaltensweisen, z.B. kein Rufen der Bezugsperson, keine Suche nach Nähe, kein Weinen, kein Nachfolgen. Sie haben Schwierigkeiten im offenen Emotionsausdruck, z.B. weinen nicht bei Abschied. Sie wirken unbeteiligt mit ihrem eigenen Spiel beschäftigt, selbstständig und souverän. Ältere Kinder haben Selbstzweifel und eine negative Lebenshaltung in schwierigen Lebenslagen. Mütter haben einen Mangel an Feinfühligkeit, z.B. Über- oder Unterstimulation, Zurückweisung der Wünsche nach Nähe und Trost. Sie dienen nicht als sichere Basis. Das Kind muss belastende Situationen alleine bewältigen.

Unsicher desorganisierte Kinder (D) zeigen stereotype Verhaltensweisen, Verhaltenskollaps, Furcht vor der Bindungsperson, Erstarren der Körperhaltung (Einfrieren), Asymmetrien in der Mimik (Grimassieren) und gänzlich widersprüchliches Verhalten. Auf die Eltern wurde zuvor näher eingegangen.

### 3.2 Multiple Arbeitsmodelle

Es können auch multiple, widersprüchliche Arbeitsmodelle von der Mutter aufgebaut werden. Diese werden ab dem dritten Lebensjahr festgestellt, da Kinder dann sowohl aus dem semantischen Gedächtnis, das Bewertungen der Beziehung zu der Mutter enthält, autobiografisches Wissen äußern können als auch aus dem episodischen Gedächtnis Belege für diese Urteile. An die Zeit bis zum dritten Lebensjahr sind aufgrund der kindlichen Amnesie und die fehlende Sprache keine Erinnerungen vorhanden. Die Widersprüche entstehen durch den Ausschluss von Informationen aus dem Bewusstsein, häufig wenn diese schmerzhaft sind.

### 3.3 Kontinuität

Interne Arbeitsmodelle, so wie sie sich in einem Jahr ausgebildet haben, sind noch labil. Die Interaktionsstrukturen zwischen Mutter und Kind stabilisieren sich zunehmend und Bindungsverhalten wird immer weniger veränderbar. Frühe Bindungserfahrungen bei unbewussten Arbeitsmodellen können ein Leben lang wirken, da neue Personen, zu denen eine Bindung entsteht, diesen Modellen angepasst werden.

Bewusste, reflektierte Arbeitsmodelle hingegen können kognitiv umstrukturiert und neu organisiert werden. Neue Erfahrungen bezüglich der Bindungsorganisation sind auch im weiteren Lebensverlauf möglich, z.B. durch eine zusätzliche Bezugsperson.

## 3.4 Spielbeziehung

Neben der Bindungsbeziehung entwickelt sich zwischen Mutter und Kind eine Spielbeziehung. Bindungs- und Spielqualität sind zwei unterschiedliche Aspekte der Mutter-Kind-Beziehung. Das Spiel kann als Kompensation für fehlende Bindungssicherheit dienen, da manche Mütter in intellektuellen Situationen einfühlsamer sein können, als in emotionalen, z.b. bei Krankheit. Man unterscheidet lenkend- und gewährend-feinfühlige Mütter. Erstere sind im Spiel aktiv, machen Angebote und kommunizieren viel mit dem Kind. Gewährend-feinfühlige Mütter lassen sich mehr vom Kind leiten, wirken unterstützend und dienen als Sicherheitsbasis. Untersuchungen zeigen, dass es Geschlechtsunterschiede in mütterlichem Verhalten im Spiel gibt und sich diese bei Mädchen eher lenkend verhalten (z.B. Grossmann 1984).

Das Spielverhalten resultiert aus Explorationsverhaltensweisen und steht im Gegensatz zum Bindungsverhalten, da es sich um ein Entfernen von der Mutter handelt, das durch das kindliche Erkundungsbedürfnisse der Umwelt ausgelöst wird. Das Spiel beruht auf dem Führen und Mitziehen, das Condon und Sander (1974) im Zusammenhang mit der frühen Interaktion erwähnt haben (so).

Bindungssicherheit und Spielbeziehung führen zu einem erhöhten Erkundungsverhalten und damit zur Erweiterung kognitiver und sozialer Kompetenzen, z.B. motorische Fertigkeiten, Stärkung der Wahrnehmung und Intelligenz, Persönlichkeitsentwicklung. Bei unsicher-gebundenen Kindern ist die kognitive Kompetenz weiter entwickelt als die soziale.

## 3.5 Sachorientierte Beziehung

Die Fortführung der Spielbeziehung ist die sachorientierte Beziehung, in dessen Aufmerksamkeitsmittelpunkt die Auseinandersetzung mit einer bestimmten Sache steht. Die Beschäftigungen können sowohl personen- oder gegenstandszentriert als auch schulbezogen oder freizeitorientiert sein. Hierbei entwickelt sich die Sachkompetenz des Kindes, d.h. es lernt sich mit der Umwelt zu beschäftigen und sich in ihr als wirksam zu erleben.

Die Beziehung ist ein eigenständiges Beziehungsgefüge. Man unterscheidet den unterstützenden Erziehungsstil, d.h. Eltern motivieren das Kind und geben ihm Anregung, und den restriktiven Erziehungsstil, d.h. Eltern versuchen sachorientiertes Verhalten durch autoritatives Verhalten zu erzwingen.

## 4. Anwendung und Umsetzung der Bindungstheorie

Aufgrund des beidseitigen Einflusses von Mutter und Kind auf die Bindungsqualität können Bindungsstörungen entstehen. Diese und familiäre Funktionsstörungen können mittels der Bindungstheorie erfasst und beschrieben werden.

In der zu Beginn erwähnten familiären Bindungsdynamik können Fehlanpassungen auftreten. Fehlanpassungen in der Fürsorge beinhalten sowohl Zurückweisung, Vernachlässigung und Missbrauch als auch überbehütetes Verhalten. Das Bedürfnis nach Explorationsverhalten kann durch eine ängstliche Exploration zur Verhinderung von Zurückweisung, durch eine frustrierte Exploration, z.B. Langeweile, fehlende Eigenaktivität oder durch eine blockierte Exploration, die von der Angst vor dem Verlassenwerden bestimmt ist, behindert werden. Die Fehlanpassungen haben einen negativen Einfluss auf die Qualität der Mutter-Kind-Beziehung. Es können das geschlossene und das offene System differenziert werden. Das offene Familiensystem ist gekennzeichnet durch eine freie Exploration und Vertrauen. Es besteht kein Druck die Ziele von Bindung und Fürsorge zu erreichen.

Bei dem geschlossenen System hingegen steht die ständige Beschäftigung mit dem Erreichen der Ziele von Bindung und Fürsorge im Vordergrund.

Bei Kindern können Bindungsprobleme auftreten, z.B. die allgemeine Bindungsunsicherheit (wie von Ainsworth und Main klassifiziert). Diese drückt sich beispielsweise bei Jungen stärker als bei Mädchen durch aggressives oder passives Verhalten im Vorschulalter aus. Die unsichere Bindung kann sowohl in einer gut funktionierenden Familie vorkommen als auch ein Zeichen von familiären Fehlanpassungen, Vernachlässigung oder Misshandlung sein und zur klinisch sichtbaren Störung werden.

Bindungsstörungen (attachment disorder) beinhalten Verhaltensschwierigkeiten des Kindes in sozialen Kontakten, die zur Diagnosestellung mindestens sechs Monate auftreten müssen. Man differenziert das klinische Bild des zurückhaltenden (im ICD-10 unter F94.1 Reaktive Bindungsstörung, gehemmte Form, klassifiziert) und das des distanzlosen Typus` (F. 94.2 Bindungsstörung mit Enthemmung). Diese werden auch im DSM-IV klassifiziert. Gründe sind emotionale Vernachlässigung oder das Fehlen physischer Sicherheit wie Ernährung oder Unterkunft. Auch kann diese Bindungsstörung durch häufige Wechsel der Bezugspersonen verursacht werden. Eine Bindungsstörung kann erst nach dem 8. Monat eines Säuglings diagnostiziert werden, da das Kind dann in der Regel mit Fremdeln und Ängstlichkeit gegenüber Unbekannten reagiert.

## 5. Erfassung der Bindungsqualität

Zur Deutung der Bindungsqualität eignet sich der komplementäre Ansatz. Die (Säuglings-)Beurteilung besteht zum einen aus der „objektiven" Perspektive, bei der Entwicklungsstand, Verhalten (als Ausdruck subjektiven Erlebens des Säuglings) und Interaktion des Kindes beobachtet und bewertet werden. Zum anderen wird die subjektive Perspektive berücksichtigt, also die subjektive Bedeutung, die die Mutter der Beziehung zu ihrem Kind beimisst z.b. transgenerationale Effekte, Projektionen, Ideale, Ängste.

Die Doppelperspektive beinhaltet somit sowohl den objektiven, beobachtenden, deutenden, analytischen Ansatz als auch den subjektiven, entwicklungsbezogenen, psychoanalytischen Ansatz.

Es wird herausgefunden, ob das Problem (objektiv) bei dem Säugling liegt, z.B. infolge einer Frühgeburt oder aufgrund gestörten Ess- oder Schlafverhaltens oder (subjektiv) bei der Mutter aufgrund von Depressionen oder Ängsten. Schon der Prozess der Erfassung der Beziehungsdynamik stellt eine Intervention dar, da die Einschätzung und Formulierung des Mutter-Säuglings-Verhaltens Veränderungen bewirken können. Des Weiteren eignen sich unterschiedliche Verfahren wie z.B. das Attachment Question Sorts (AQS) zur Erfassung des Bindungswertes zwischen Mutter und Kind oder Erzieherin und Kind im Kindergartenalter. Die Fähigkeit zur Durchführung des AQS kann mittels eines Praxisseminars an der Universität erlangt werden.

## 6. Zusammenfassung und Ausblick

Abschließend werden die wichtigsten Aspekte bei der Entstehung der Bindungsqualität zwischen Mutter und Kind zusammengefasst.

Die Klausur hat verdeutlicht, dass es sich bei der Mutter-Kind-Bindung um einen wechselseitigen Anpassungsprozess handelt, d.h. dass Mutter und Säugling ein sich selbst regulierendes System darstellen. Subjektive Faktoren mütterlicherseits (Feinfühligkeit, Kinderwunsch, Biografie) und Eigenschaften des Babys (Reaktionsvermögen, Reflexe, Sensorik) beeinflussen einander, so dass sich gesunde, befriedigende oder gestörte Interaktionen und eine (un)günstige Bindungsqualität entwickeln, die das Verhalten des Kindes prägen und seine (emotionale) Entwicklung beeinflussen. Es wurde gezeigt, dass mithilfe des Fremde-Situations-Test zwischen den drei Hauptbindungsmustern A, B und C und dem desorganisiert gebundenen Typus (D) differenziert werden kann. Neben der Bindungsbeziehung besteht zwischen Mutter und Kind eine Spielbeziehung (und darauf folgend eine sachorientierte Beziehung), die bei weniger einfühlsamen Müttern als Kompensation für fehlende Bindungssicherheit dienen kann.

Aufgrund des beidseitigen Einflusses von Mutter und Kind auf die Bindungsqualität können sich Bindungsstörungen entwickeln, die – wie ersichtlich wurde – mittels der Bindungstheorie bestimmt werden können. Mittels des komplementären Ansatzes aus der Säuglingsbeurteilung kann die Bindungsqualität erfasst werden. Dieses wurde anhand des Fallbeispiels Lisa verdeutlicht.

Die Thematik ist insbesondere im sozialen und therapeutischen Berufsfeld von Bedeutung, da so mehr Verständnis und Hintergrundwissen in der Wahrnehmung, dem Kontakt und dem Beziehungsaufbau zu Menschen vorhanden sind.

Insbesondere kann die Bindungstheorie in der ambulanten und stationären Psycho- und Familientherapie sowie in der Beratung Berücksichtigung finden.

Der Therapeut hat die Aufgabe, den Eltern die Verknüpfung zwischen eigenen Kindheitserlebnissen und dem Verhalten gegenüber ihrem Kind bewusst zu machen.

Da die Bindungstheorie eine Veränderung des Bindungstypus z.B. durch kognitive Umstrukturierung für möglich hält, kann das Bewusstsein der Eltern über die fehlerhafte familiäre Bindungsdynamik wirksam sein.

Therapeutische Grundlage ist die Einstellung, dass Menschen dauerhaft Sicherheit bei vertrauenswürdigen Menschen suchen, so dass die Therapeut-Klient-Beziehung als Bindungsbeziehung (Übertragungsbeziehung) betrachtet werden kann. Der Therapeut dient als sichere Basis.

Zum Beispiel wird die Bindungstheorie in der systemischen Familientherapie berücksichtigt. Diese entwickeln sich fast zeitgleich. Im systemischen Denken wird die Familie als Systemganzes gesehen. Die kindliche Störung wird in größere Systemzusammenhänge, z.B. Umwelt, Familie, Freunde eingebettet, um dysfunktionale Beziehungsmuster und familiäre Funktionsstörungen zu verdeutlichen.

Die Familientherapie interveniert mit den vier relevanten Schlüsselereignissen: dem Selbstwert der Familie und jeden Mitglieds, der familiären Interaktion, Regeln zur Verhaltenssteuerung, die Einfluss auf das Familiensystem haben, und die Verbindung der Familie zur Gesellschaft. Ähnliche Schlüsselbereiche finden sich in der Bindungstheorie.

## 7. Literatur

1. Die frühe Bindung- Die erste Beziehung zwischen dem Baby und seinen Eltern. Berry Brazelton/ Bertrand Cramer, Ernst Klett Verlag Stuttgart 1994

2. Die Bindungstheorie- Grundlagen, Forschung und Anwendung. Gottfried Spangler/ Peter Zimmermann, Stuttgart: Klett- Cotta, 2002

Julia Klemm

## Mutter-Kind-Bindung und ihr Einfluss auf die partnerschaftlichen Beziehungen im Erwachsenenalter

2007

## 1. Einleitung

Bindungen gehören zur Natur des Menschen. Vom ersten Tag seines Lebens an ist das Verhalten eines Neugeborenen auf die Bindung zu einer erwachsenen Person ausgerichtet. Für seine Entwicklung ist die Bindung lebenswichtig, denn sie gibt dem Kind die Sicherheit, auf die es bei der Erkundung der Welt angewiesen ist. Eine sichere Bindung kann nur durch Nähe, Zuneigung und Zuverlässigkeit, die seine Bindungsperson ihm gibt, wachsen. Bindungsgefühle und Bindungsverhalten sind eng mit der gesamten Entwicklung verbunden. Sie haben einen direkten Einfluss auf die Entwicklung der sozialen Fähigkeiten, die unter anderem für eine gesunde partnerschaftliche Beziehung wichtig sind.

Das Ziel meiner Arbeit ist einen Überblick über die aktuellen Erkenntnisse der Bindungsforschung zu geben und die Bedeutung der Mutter-Kind-Beziehung für die Entwicklung einer glücklichen Partnerschaft zu erläutern, denn die Erkenntnisse der Bindungsforschung haben gezeigt, dass partnerschaftliches Glück und Beständigkeit von einer sicheren Bindung im Kindesalter abhängig sind, da sie auf der Basis von Elternbeziehungen entstehen. Dazu muss die Frage geklärt werden, wie Bindungen organisiert sind und warum sie uns so sehr in unserem Fühlen, Denken und Tun beeinflussen.

Diese Arbeit gliedert sich neben dieser Einleitung in vier weitere Kapitel. Im zweiten Teil wird zunächst auf die theoretischen Grundlagen der Bindungstheorie eingegangen. Besonderer Schwerpunkt liegt dabei auf der Beschreibung der allgemeinen Phasen der Bindungsentwicklung. Im weiteren Abschnitt wird die frühe Bindung des Kleinkindes beschrieben, dabei wird besonders auf die Bedeutung der internalen Arbeitsmodelle und der Feinfühligkeit der Mutter bei der Entwicklung des Kindes eingegangen. Im nächsten Abschnitt stelle ich zunächst die Entwicklung der Bindungsrepräsentationen im Erwachsenenalter dar. Im letzten Abschnitt wird die Bindung Erwachsener in partnerschaftlichen Liebesbeziehungen diskutiert. Die Arbeit wird durch einen Schlussteil abgeschlossen.

Die Klärung dieser Fragen soll dazu beitragen, die Bedeutung der kindlichen Entwicklung für spätere psychische Gesundheit besser zu erfassen und zu verstehen und gegen die Nachlässigkeit im sozialen Miteinander und für einen rücksichtsvollen, verantwortungsbewussten und behutsamen Umgang mit Kindern zu werben, damit aus ihnen gesunde, ausgeglichene und selbstsichere Menschen heranwachsen.

## 2. Grundlagen der Bindungstheorie

Bindungstheorie ist ein umfassendes Konzept für die Persönlichkeitsentwicklung des Menschen als Folge seiner frühkindlichen Erfahrungen, in dem klinisch-psychoanalytisches Wissen mit dem evolutionsbiologischen Denken verbunden wird. Bindungstheorie befasst sich mit der emotionalen Entwicklung des Menschen, mit seinen lebensnotwendigen soziokulturellen Erfahrungen und vor allem mit den emotionalen Folgen, die sich aus den Bindungserfahrungen ergeben können. Sie erklärt also, warum negative Gefühle wie Angst, Wut, Hass, später auch Depressionen durch unfreiwillige Trennung und Verlust von Bindungsperson verursacht werden können. Bindungstheorie wurde vom englischen Psychoanalytiker John Bowlby formuliert, sie entstand aus seiner klinischen Arbeit mit kriminell auffälligen Kindern, die Bowlby als Kinderpsychiater behandelte.

Im Folgenden werden die wesentlichen Merkmale der Bindungstheorie beschrieben.

### 2.1 Bindung und Bindungsverhalten

Evolutionsbiologisch wird das Streben nach emotionalen Bindungen als ein spezifisch menschliches Grundelement gesehen, das schon beim Neugeborenen angelegt ist und bis ins hohe Alter vorhanden bleibt. Bindung wird dabei als eine besondere Beziehung eines Kindes zu seinen Eltern oder Personen, die es ständig betreuen, verstanden. Sie ist ein imaginäres Band zwischen zwei Personen, das in Emotionen verankert ist und das Individuum mit der anderen Person über Raum und Zeit hinweg verbindet. Eine schwache Person bindet sich an eine andere Person, die ein häufiger Interaktionspartner ist und von der erwartet wird, dass sie Schutz und Fürsorge geben kann (vgl. Grossmann/Grossmann 2006, S 29f.).

Eine Bindung besteht noch nicht bei der Geburt, sondern entwickelt sich im Laufe des 1. Lebensjahres. Sie entsteht aus den Verhaltensweisen eines Säuglings die Nähe und den Kontakt zu einem Erwachsenen herzustellen und zu erhalten. Diese Verhaltensweisen gewährleisten, dass der Säugling von Anfang an durch seine Bewegungen, sein Schreien, seine Mimik, sogar durch seine Hautfarbe signalisieren kann, was er braucht. Die Bindungsperson, in den meisten Fällen ist es die Mutter, erkennt diese Zeichen und sorgt dafür, dass die

Bedürfnisse des Kindes befriedigt werden. Durch ihr führsorgliches Verhalten wird die Mutter zur Bindungsperson.

Bindungsverhaltensweisen behalten ihre Aufgabe ein Leben lang. Durch sie wird der Säugling genetisch auf seine Umwelt vorbereitet. Sie werden jedoch nur unter Belastung gezeigt. Je mehr das Kind die Nähe seiner Bindungsperson braucht, wenn es zum Beispiel krank, erschöpft oder hungrig ist, oder wenn eine Trennung droht, desto stärker werden die Bindungsverhaltensweisen gezeigt. Ansonsten gibt es keinen Grund Bindungsverhalten zu zeigen, die Bindung besteht jedoch trotzdem kontinuierlich über Raum und Zeit hinweg.

## 2.2 Entwicklungsphasen der Bindung

Nach Bowlby durchläuft die Bindungsentwicklung vier Phasen. Die Übergänge zwischen den Phasen sind fließend, es gibt keine Abgrenzungen und der Beginn und die Dauer der einzelnen Phase sind vom Kind zu Kind unterschiedlich. In der ersten Phase, der Phase der unspezifischen sozialen Reaktionen, die von der Geburt bis zum Alter von 2 bis 3 Monaten andauert, reagieren Säuglinge bevorzugt auf soziale Reize. Sozialen Reaktionsweisen des Säuglings wie Anschauen, Schreien, Festsaugen und Umklammern erfolgen noch unspezifisch, ohne Unterscheidung von bevorzugten Personen. In dieser Phase ist nach Bowlby eindeutig noch keine Bindung vorhanden. Jedoch werden diese Bindungsverhaltensweisen von der Mutter als an sie gerichtet interpretiert. Sie erhöhen damit die Wahrscheinlichkeit die Nähe zu einer anderen Person herzustellen. Bereits in dieser Phase werden von den Säuglingen Erwartungen aufgebaut, wie sich Menschen in ihrer Umwelt verhalten, wer diese Menschen sind und was sie tun sollten. Damit ist der Übergang zur Phase zwei vollzogen (vgl. Bovenschen 2006, S. 13).

Die zweite Phase, die Phase der unterschiedlichen sozialen Reaktionsbereitschaft oder auch zielorientierte Phase genannt, beginnt im Alter von 2 bis 3 Monaten und dauert etwa bis zum Alter von 6 bis 9 Monaten an. In dieser Phase reagiert der Säugling deutlich besser und schneller auf die Äußerungen und Verhaltensweisen der Mutter, seine Signale werden bevorzugt an die Mutter gerichtet. In dieser Phase weiß das Kind bereits, wer seine Bindungspersonen sind und wie sie sich verhalten. Der Säugling übernimmt mehr Kontrolle über das eigene Verhalten durch verbesserte sensomotorische Fähigkeiten. Er greift gezielt nach der Mutter und sucht Blickkontakt mit der

Bindungsperson, vokalisiert oder zeigt motorische Aktivitäten. Bereits mit 2 bis 4 Monaten entwickeln Säuglinge durch Interaktionserfahrungen mit der Bindungsperson Erwartungen darüber wie Interaktionen strukturell aufgebaut sind. Wenn Interaktionsmuster, die sie in Sequenzen abgespeichert haben, ihren Erwartungen entsprechen, reagieren Säuglinge besonders positiv darauf (vgl. Grossmann, S. 73).

Die dritte Phase wird als Phase des aktiven und initiierten zielkorrigierten Bindungsverhaltens bezeichnet. In dieser Phase, die vom 6. bis zum 9. Monat beginnt, festigt sich die Bindung zwischen dem Kind und seinen wichtigsten Bindungspersonen. Durch selbständige Fortbewegung, das gezielte Greifen und eine geistige Vorstellung von seiner Mutter als Quelle von Schutz, Trost und Wohlbefinden kann der Säugling jetzt aktiver als vorher die Nähe zur Bindungsperson bestimmen. Er kann die Mutter verfolgen, wenn sie fortgeht, sie rufen oder suchen und durch Mimik und Grußlaute seine Freude zeigen, wenn die Mutter zurückkehrt. Das Kind versucht auf der Basis der bisherigen Erfahrungen vorherzusagen, wie die Bindungsperson handeln wird, um seine eigenen Handlungen dementsprechend anzupassen. In der Nähe der Mutter fühlt sich das Kind wohl und kann von ihr aus seine Umgebung sicher explorieren. Die Umgebung wirkt nicht mehr so beängstigend, weil die Mutter eine Sicherheitsbasis darstellt, wohin das Kind jederzeit flüchten kann, wenn es Angst hat oder verunsichert ist.

Wenn die Mutter fortgeht, protestiert das Kind, es sucht die Mutter, vermisst sie, wenn sie nicht zurückkommt, und freut sich bei ihrer Rückkehr. Orientierung des Kindes an der Mutter als eine Sicherheitsbasis, Trennungsleid, Suche und Freude sind Zeichen für eine Bindung. Werden diese Verhaltensweisen nicht gezeigt, muss man davon ausgehen, dass keine Bindung zwischen dem Kind und der Mutter besteht. Wenn ein Kind müde, krank, bedroht oder verletzt ist und kein Bindungsverhalten zeigt und bei seiner Bindungsperson Schutz sucht, dann kann es sein, dass das Kind zu oft leidvoll erfahren musste, dass die Bindungsperson es nicht beruhigen wird, dass sie ihre Schutzfunktion zu selten oder gar nicht ausübt.

In dieser Phase ist die Mutter zum Zentrum der Welt des Kindes geworden. Jedoch haben die Kinder in dieser Phase noch keine Vorstellungen über die Bedürfnisse, Ziele und Wahrnehmungen der Bindungsperson, diese Fähigkeiten werden erst in Phase 4 entwickelt (vgl. ebd., S. 73ff.).

In Phase 4, der Phase der zielkorrigierten Partnerschaft, die ab dem 3. Lebensjahr beginnt, wenn das Kind sprechen und die Absichten der Mutter verstehen kann, lernt das Kid, dass die Bindungsperson eigene Ziele, Motive und Gefühle hat, die sich von denen des Kindes unterscheiden können. Diese Fähigkeit ist die Grundlage für die zielkorrigierte Partnerschaft, sie entwickelt sich im Vorschulalter und führt dazu, dass das Kind die Absichten und Ziele der Bindungsperson in sein Denken und Planen integriert. Im Vorschulalter beginnen die Kinder zu verstehen, was die momentanen Ziele der Mutter sind und worin mögliche Interessenkonflikte zwischen den Wünschen des Kindes und der Mutter bestehen können. Durch die Kommunikation versuchen sie Absichten der Bindungsperson zu beeinflussen.

Ab dem 4. Lebensjahr wird Bindung nicht mehr durch Körperkontakt und Nähe reguliert, sondern durch Kommunikation. Nicht die körperliche Nähe der Mutter ist entscheidend, sondern ihre grundsätzliche Verfügbarkeit. Das Kind fühlt sich demnach auch in Abwesenheit der Mutter sicher, weil es weiß, wo die Mutter ist und dass sie zurückkehren wird. Die Bindung besteht in dieser Phase über Zeit und Raum hinweg, sie basiert auf gemeinsamen Zielen, Plänen und Gefühlen und enthält dadurch Eigenschaften einer Partnerschaft, die auf Gleichberechtigung und gegenseitigem Respekt beruht (vgl. Bovenschen 2006, S. 17ff.).

## 3. Frühe Bindung des Kleinkindes

Wie im zweiten Kapitel beschrieben, macht der Säugling von Geburt an Interaktionserfahrungen mit seinen wichtigsten Bezugspersonen. Während ursprünglich die körperliche Nähe und emotionale Entlastung entscheidend für die Bindungsorganisation waren, nimmt bei älteren Kindern und Jugendlichen die Bedeutung der sprachlichen Repräsentation und Kommunikation für die Bewertung der Bindung zu. Im Folgenden sollen die wichtigsten Aspekte der frühen Mutter-Kind-Bindung und ihre Bedeutung für die spätere seelische und geistige Kompetenz der Kinder dargestellt werden.

## 3.1 Internale Arbeitsmodelle

In der Bindungsforschung wird angenommen, dass regelmäßig sich wiederholende frühkindliche Bindungserfahrungen als Erwartungen verinnerlicht werden. Aufgrund dieser Erfahrungen, die das Kind in der täglichen Interaktion mit seinen Bindungspersonen macht, entwickelt es Wissen über sich selbst, seine Bindungsperson, ihre Reaktion auf ihn und über die eigenen Handlungen, die am schnellsten zur Befriedigung des Bindungsbedürfnisses führen. Zunächst sind es einfache Informationen, sie werden bereits im ersten Lebensjahr erfasst, später entstehen daraus kognitive Prozesse in Form von internalen Arbeitsmodellen, die aus inneren Repräsentationen von Erwartungen über sich selbst, die Bindungsperson und die Umgebung bestehen. Diese aus der konkreten Erfahrung abgeleiteten Schemata darüber, wie Beziehungen zu anderen Menschen zu bewerten sind, bestimmen die Einschätzung von neuen Beziehungserfahrungen zu anderen Personen und tragen zur Emotionsregulation in Belastungssituationen bei.

In den internalen Arbeitsmodellen sind besonders die Repräsentationen von Bindungserfahrungen wichtig, die sich auf die Zulänglichkeit und Verfügbarkeit der Bindungsperson beziehen. In der Interaktion mit der Bindungsperson entwickelt das Kind unter anderem Erwartungen darüber, ob die Bindungsperson im Allgemeinen verfügbar und empfänglich für seine Signale ist. Wird die Bindungsperson vom Kind immer wieder als verlässlich und zugänglich wahrgenommen, entwickelt das Kind die Fähigkeit, die Beziehung zur Bindungsperson auch über längere Trennungsperioden ohne Stress und Angst aufrechtzuerhalten.

Nach dem inneren Arbeitsmodell organisiert das Kind sein Bindungsverhalten, begreift die Geschehnisse um es herum und konzipiert seine Pläne. Innere Arbeitsmodelle beinhalten Verhaltensweisen und Gefühle der Bindungsperson und die Bewertung der kindlichen Emotionen und Eigenschaften durch die Bindungsperson. Daraus entwickelt das Kind generelle Handlungspläne, die es später auf andere soziale Beziehungen anwendet. Diese Handlungspläne lassen sich als ein geistiger Orientierungsrahmen deuten, der aus Erfahrungen mit den Bezugspersonen abgeleitet wird. Da die Erfahrungen, die das Kind macht, unterschiedlich sind, entstehen unterschiedliche Arbeitsmodelle. Ein Kind, das Zuverlässigkeit und Liebe erfährt und dessen Bedürfnis nach Exploration unterstützt wird, entwickelt eine Vorstellung von sich selbst als liebenswert, geschätzt und selbständig. Ein Kind, dessen Nähe und Explorationsbedürfnis nicht befriedigt werden, erlebt sich als wertlos und inkompetent. Im Laufe der weiteren Entwicklung stabilisieren sich diese Vorstellungen und dienen als Ausgangspunkt für die Zugangsweise zu späteren Beziehungen. Sie werden auf Beziehungen mit anderen Personen übertragen, was bedeutet, dass der frühe Bindungsstil auch das Bindungsverhalten in späteren Beziehungen beeinflussen kann (Bovenschen, S. 7ff.).

Das Verhalten, das die Kinder zeigen ist ein Ausdruck eines früheren internalen Arbeitsmodells. In einer Situation reagiert es also nicht auf das aktuelle Verhalten der Bindungsperson, sondern auf seine Erwartungen an diese Reaktion. Damit spiegeln innere Arbeitsmodelle unterschiedliche Bindungsqualitäten (sichere Bindung, unsichere Bindung, die entweder vermeidend oder ängstlich-ambivalent sein kann) wider, wie sie für sicher-gebundene und unsicher-gebundene Personen typisch sind.

Innere Arbeitsmodelle sind jedoch keine festgeschriebene Bilder der vergangenen Erfahrungen, sie sind nach Bowlby aktive Konstruktionen und durchaus veränderbar. Sie müssen allerdings bei neuen Erfahrungen immer wieder aktualisiert werden, um ein funktionierendes Arbeitsmodell zu gewährleisten. Kinder mit einer sicheren Bindung ändern ihr Verhalten gegenüber den Eltern und aktualisieren die zugehörigen Repräsentanzen. Bei Kindern mit unsicher- ambivalenter bzw. unsicher- vermeidender Bindung wird diese Aktualisierung verhindert und die bisherigen Interaktionsmuster bleiben erhalten, auch wenn das Kind von einer anderen Person später anders behandelt wird (vgl. Bowlby 1995, S. 121f.). Diese Bindungsqualitäten und ihr Einfluss auf die kindliche Entwicklung sollen im folgenden Abschnitt genauer thematisiert werden.

## 3.2 Bindungsqualitäten

Interaktionen zwischen dem Kind und der Bindungsperson führen zur Entstehung unterschiedlicher Bindungsqualitäten. Grundsätzlich lassen sich zwei Grundtypen von Bindungsrepräsentationen unterscheiden, die auch schon im Verhalten von Kleinkindern nachweisbar sind: sichere und unsichere Bindung. Wenn unser angeborenes Bedürfnis nach Bindung angemessen befriedigt wird, entwickeln wir einen sicheren Bindungsstil und haben damit die besten Chancen auf ein psychisch stabiles Leben. Sichere Kleinkinder sind dadurch gekennzeichnet, dass sie weniger weinen, die Mutter nach ihrer

Abwesenheit positiv begrüßen und häufiger positive als negative Reaktionen zeigen, wenn sie auf den Arm genommen werden. Kinder mit sicherer Bindung wissen, dass sie in Stress- und Angstsituationen von ihren Eltern emotional unterstützt werden, sie zeigen bereits im Kindergartenalter ein angemessenes Sozialverhalten, lösen Konflikte selbständig und sind affektiv ausgeglichener. Erleben wir wenig Nähe und Zuneigung, können unsichere Bindungsstile die Folge sein. Unsichere Kleinkinder suchen zwar auch die Nähe der Mutter, ziehen sich aber entweder immer wieder zurück und vermeiden damit die Nähe aus Angst vor Zurückweisung oder klammern, indem sie in übertriebener Weise die Nähe suchen und sich somit ängstlich-ambivalent verhalten. Diese ängstlich-ambivalente Bindung bedeutet, dass die Kinder eine Diskrepanz zwischen dem, was sie an Nähe anstreben, und dem scheinbar wenigen, was sie bekommen, erleben. Wenn ein kleines Kind in Situationen der emotionalen Belastung, die es durch negative Gefühlsäußerungen und Bindungsverhalten deutlich macht, häufig nicht beachtet wird oder Zurückweisungen durch die Bindungsperson erfährt, lernt es negative Gefühle und Bindungsverhalten nicht zu zeigen oder umzulenken, um auf diese Weise das gewünschte Ziel, in die schützende Nähe der Bindungsperson zu gelangen, zu erreichen. Daraus entstehen widersprüchliche Gefühle beim Kind: einerseits: braucht es die Nähe der Person, die ihn schützt, aber andererseits weiß es, dass sein Verhalten zu Zurückweisungen führen kann. Deshalb wird sich das Kind wie zufällig im Schutzbereich der Bindungsperson aufhalten, aber seine negativen Gefühle nicht äußern. Dieses Verhalten ist auf die Wechselhaftigkeit und Unvorhersagbarkeit des Verhaltens der Bindungsperson zurückzuführen. In manchen Situationen, in denen das Kind Trost und Unterstützung der Bindungsperson brauchte, gewährte sie es ihm, in anderen wiederum stieß sie ihn zurück Kinder mit „ängstlich-vermeidender" Bindung wissen dagegen, dass sie von ihren Eltern nur Ablehnung zu erwarten haben (vgl. Böddeker 1996, S. 35).

Um die Bindungsqualität der Kleinkinder zu erfassen, wurden die Verhaltensweisen der Kinder bei der Trennung von ihrer Bindungsperson in einem Testverfahren untersucht. Die Untersuchungen wurden in einem mit Spielzeug ausgestatteten, aber fremden Zimmer durchgeführt, in dem sich das Kind und die Bindungsperson befanden. Auf der einen Seite befand sich die Mutter, auf der anderen die interessante Welt. Die Mutter war nur anwesend, sie ergriff keine Initiative. Außerdem war eine fremde Person anwesend. Der Test wurde in acht Episoden je drei Minuten durchgeführt. Die Mutter verließ bald den Raum. Nach einer Wiedervereinigung gab es noch eine Trennung, spätestens in dieser Episode wurde das Bindungssystem aktiv, also Streben nach

Schutz durch Nähe. Die Untersuchungen haben gezeigt, dass die Kinder mit einer sicheren Bindungsqualität selbstständig und interessiert spielen, wenn die Mutter anwesend ist. Sie protestieren, wenn die Mutter fort gegangen ist, obwohl sie nicht sofort weinen, wenn die Mutter den Raum verlässt, da sie zuversichtlich sind, sie durch Rufen sofort wieder holen zu können. War die Mutter trotz Rufens nicht da, suchten sie sie und weinten. Wenn die Mutter zurückkam, strebten sie ihr entgegen und wollten ihre Nähe. Nach kurzem Trösten lösten sie sich wieder von der Mutter, um zu spielen, Hielten jedoch ab und zu den Blickkontakt zur Mutter.

Unsicher-vermeidende Kinder lassen kaum Trennungsleid erkennen, weinen nicht, spielen mit der fremden Person weiter, wenn die Mutter den Raum verlassen hat. Bei der Rückkehr der Mutter, zeigten sie keine Bindungsgefühle und kein Bindungsverhalten, spielten jedoch weniger konzentriert. Unsicher-ambivalente Kinder zeigen ausgeprägtes, widersprüchliches und übertriebenes Bindungsverhalten, sie klammern sich bei jeder Intention der Mutter zu gehen an sie, sind dabei ängstlich und erregt, haben in einer neuen Umgebung ständig Angst die Bindungsperson zu verlieren. Finden nur sehr langsam Beruhigung durch den Kontakt mit ihr. Auch bei Anwesenheit der Mutter können sie nicht selbständig und konzentriert spielen (vgl. Grossmann/Grossmann, S. 132ff.).

Eine sichere Bindung im frühen Kindesalter erhöht die Bindungs- und Erfolgschancen im späteren Leben. Bei unsicher gebundenen Kindern zeigen sich dagegen Störungen in der Entwicklung und in der Beziehungsfähigkeit.

Ob es zur Ausbildung einer sicheren oder unsicheren Bindung bei Kleinkindern kommt, hängt davon ab, wie feinfühlig die Mutter auf die Bedürfnisse des Kindes eingeht. Größere Feinfühligkeit fördert eine sichere Bindung. Die Bedeutung der Feinfühligkeit soll daher im folgenden Abschnitt genauer betrachtet werden.

### 3.3 Feinfühligkeit der Mutter

Ein weiterer zentraler Begriff der Bindungstheorie bezieht sich auf die Feinfühligkeit der Mutter. Das Verhalten der Eltern und vor allem der Mutter beeinflusst die Ausformung der Bindungsqualität. Vor allem im ersten Lebensjahr hat die Feinfühligkeit der Mutter einen enormen Einfluss auf die spätere Bindungsqualität des Kindes und auf die damit verbundenen

Konsequenzen. Feinfühligkeit wird dabei definiert „als Fähigkeit der jeweiligen Bindungsperson, die Kommunikationssignale des Kindes wahrzunehmen und in angemessener Form zu interpretieren." (Böddeker 1996, S. 37). Entscheidend ist folglich das Ausmaß der Feinfühligkeit. Einerseits müssen die Bindungssignale des Kindes genau wahrgenommen und interpretiert werden, z.B. soll die Mutter nicht mit dem Kind spielen, wenn es Hunger hat und nicht festhalten, wenn es sich von ihr lösen möchte. Andererseits müssen sie schnell und angemessen beantwortet werden. Angemessen beantwortet bedeutet dem Baby das geben, was es braucht. Die Mutter muss außerdem nur dann auf die Bedürfnisse des Kindes reagieren, wenn es sie äußert. Die Hauptkomponenten der mütterlichen Feinfühligkeit sind daher:

1. die Aufmerksamkeit und Wahrnehmung der Signale des Kindes
2. die richtige Interpretation dieser Signale
3. die schnelle Reaktion darauf und
4. die anschließende angemessene und empathische Reaktion auf diese Signale

Mütter von sicher-gebundenen Kindern reagieren schneller und regelmäßiger auf die kindlichen Bedürfnisse. Weiterhin sind die Mütter von sicher-gebundenen Kindern ehcr gefühlsbetont und zärtlich, sie sind erreichbar und zugänglich für die Signale des Kindes.

Mütter unsicher-ambivalenter Kinder reagieren dagegen willkürlich und unvorhersehbar. In manchen Situationen sind sie feinfühlig, an anderen ignorieren sie die Bedürfnisse des Kindes. Manchmal suchen die Eltern Körperkontakt mit dem Kind, wenn es diesen gar nicht wünscht, aber ignorieren seinen Bedürfnis nach Nähe, wenn es ihn äußert. Mütter unsicher- ambivalenter Kinder führen oft Routinetätigkeiten aus, wenn sie das Kind auf dem Arm haben, sie zeigen dabei eine schwache emotionale Reaktion.

Mütter unsicher-vermeidender Kinder zeigen offensichtlich ihre Abneigung gegen engen Körperkontakt, sie weisen das Kind zurück und sind emotional in keiner Weise für das Kind verfügbar (vgl. ebd. S. 38).

Eine Bindungsperson, die offen, aufmerksam und sensibel auf die Bindungssignale des Kindes reagiert, begünstigt die Entwicklung einer sicheren Bindungsqualität. Werden dagegen die Bindungsbedürfnisse des Kindes zu wenig befriedigt, wird die Ausbildung eines unsicheren Bindungsstils verursacht. Aber auch durch zu viel Zuwendung kann ein unsicherer

Bindungsstil entstehen, wenn das Kind beispielsweise überbehütet oder in seinem kindlichen Handlungsspielraum eingeschränkt wird.

Ein feinfühliger Umgang mit dem Kind lässt in ihm das Gefühl der Sicherheit wachsen, Kinder feinfühliger Mütter haben weniger Angst, Aggression und Ängstlichkeit in Interaktionen mit ihrer Mutter und nutzen sie als Sicherheitsbasis, von der aus sie zuversichtlich ihre Umwelt explorieren. Die mütterliche Feinfühligkeit hat somit einen enormen Einfluss auf die weitere Entwicklung des Kindes (vgl. Grossmann/Grossmann 2006, S. 116 ff.).

## 4. Bindung und Partnerschaft im Erwachsenenalter

Innere Arbeitsmodelle dienen als Ausgangspunkt für den Zugang zu anderen Beziehungen, da sie eine große Rolle bei der Transformation von Bindungserfahrungen aus der Kindheit ins Erwachsenenalter spielen. Die Beziehungserfahrungen des Kindes sind eine Basis für seine Gefühle und Verhalten im erweiterten sozialen Umfeld, sie dienen als Modelle für die Konstruktion zukünftiger Beziehungen. Im Folgenden werden die Bindung im Erwachsenenalter und die Bedeutung der frühkindlichen Bindungsqualität an die Eltern für die späteren Bindungsbeziehungen und speziell für die Bindung an einen Partner genauer betrachtet.

### 4.1 Bindungsrepräsentation im Erwachsenenalter

Das Kind organisiert seine Gefühle, Bedürfnisse, Erwartungen und Verhalten auf der Grundlage seiner bisherigen Bindungserfahrungen. Die Beziehungsmuster, die in den inneren Arbeitsmodellen abgespeichert sind, werden auf Beziehungen im Erwachsenenalter übertragen. Vor dem Hintergrund der inneren Arbeitsmodelle lässt sich diese Übertragung folgendermaßen erklären: wie im Kapitel 3 bereits erläutert, enthält das in den Arbeitsmodellen abgespeicherte Wissen Informationen über die wichtigsten Bindungspersonen, das Selbst und die Umgebung. Dieses Wissen steuert aktiv das Verhalten und die Gefühle der jeweiligen Person. Im Laufe der Entwicklung stabilisieren sich die mentalen Repräsentationen in den inneren Arbeitsmodellen, bleiben jedoch veränderbar. Dadurch ermöglichen sie dem Menschen in seinem sozialen

Umfeld angemessen zu handeln. In der weiteren Entwicklung bestimmen sie die weitere Gestaltung zwischenmenschlicher Beziehungen, da sie einen erheblichen Einfluss auf die weitere Organisation, den Ausdruck und die Integration der Gefühle und des Verhaltens haben.

Die früheren Bindungsqualitäten, die sich aus dem inneren Arbeitsmodell ableiten lassen, sind bei der Gestaltung zwischenmenschlicher Beziehungen von entscheidender Bedeutung. Jugendlichen und Erwachsenen mit einem sicheren Bindungsstil fällt es relativ leicht anderen Menschen emotional näher zu kommen, sie haben weniger Probleme mit anderen Menschen und mehr Freundschaften. Sie können sich erfolgreicher an aktuelle Anforderungen anpassen. Das Selbstbild gestaltet sich bei bindungssicheren Menschen positiver als bei bindungsunsicheren. Sie machen sich weniger Sorgen darüber, allein zu sein oder nicht akzeptiert zu werden.

Menschen mit einem unsicher-vermeidenden Bindungsstil werten die Bindungen ab, um nicht abhängig zu erscheinen. Sie fühlen sich ohne gefühlsmäßig enge Beziehungen wohl und wollen unabhängig sein. Sie ziehen es vor, niemanden zu brauchen und von niemandem gebraucht zu werden. Sie bestreiten die Tatsache, dass man im Alltag auf die Hilfe und Unterstützung anderer angewiesen ist. Bei dieser Form der Bindung werden die eigene Stärke und die Selbständigkeit betont, Schwächen dürfen nicht gezeigt oder zugegeben werden. Bindung wird nicht als Quelle der Sicherheit erlebt.

Eine ambivalente Form der Bindungsunsicherheit besteht darin, dass man Bindungen zwar hochschätzt, ihnen aber nicht traut. Bindungen werden als extrem notwendig, aber belastend empfunden. Ambivalent gebundene Menschen wünschen sich eine große emotionale Nähe zu anderen, haben aber Angst, dass die anderen keine so große Nähe wollen wie sie selbst. Diese Bindungsrepräsentation ist mit der Enttäuschung über die Unzuverlässigkeit der erwarteten Zuwendung und dem Unterschätzen der eigenen Kompetenzen verbunden. Diese Menschen befürchten, dass andere sie nicht so schätzen wie sie die anderen (vgl. Grossmann/Grossmann 2006, S. 537f).

Im Erwachsenenalter unterscheidet man folgende Beziehungsformen:
- Bindungsbeziehungen, in denen beide Partner wechselseitig eine sichere Basis für den jeweils anderen sind. In der Anwesenheit der Bindungsperson fühlt sich der Partner geborgen, eine Trennung von ihm löst Stress und das Gefühl der Einsamkeit aus.

- Enge Freundschaften, die auf gemeinsamen Interessen und Überzeugungen basieren.
- Fürsorgliche Beziehungen, in denen die Verantwortung für den Schwächeren übernommen wird und das Interesse am Wohlbefinden des anderen besteht.
- Beziehungen, in denen Zusammenarbeit und eine gemeinsame Aufgabe vorherrschen.
- Dauerhafte Verbindungen mit starken Identifikationsgefühlen und das Gefühl der Verpflichtung den anderen zu unterstützen.
- Beziehungen, in denen ein Partner als stärker wahrgenommen wird und der andere besonders stark an seinen eigenen Fähigkeiten zweifelt und deshalb auf die Hilfe des „stärkeren" angewiesen ist.

## 4.2 Bindung in Partnerschaften

Betrachtet man die wichtigsten Merkmale der Mutter-Kind-Beziehung, wie die Nähe zur Mutter, Protest bei Trennung von ihr, Nutzung der Mutter als sichere Basis, so wird deutlich, dass diese Funktionen auch in Liebesbeziehungen zu finden sind. Nach einer bestimmten Zeit erreichen Beziehungen zwischen Liebespartnern einen Punkt, an dem der andere jeweils als sichere Basis genutzt wird, vor allem in Stresssituationen bei seinem Partner sein möchte und durch ihn Beruhigung und Unterstützung erfährt, ganz ähnlich wie in der Mutter-Kind-Beziehung.

Das Konzept der Bindung ist somit unmittelbar für partnerschaftliche Beziehungen bedeutsam, da sie ähnlich wie die Eltern-Kind-Beziehung organisiert sind – allerdings unterscheiden sie sich auch in mehreren Hinsichten voneinander: erstens erfolgt die Bindung im Erwachsenenalter an Gleichaltrige und verläuft gleichrangig, während die Mutter-Kind-Beziehung asymmetrisch ist. Zweitens, kann das Bindungsverhaltenssystem im Erwachsenenalter nicht mehr so stark wie in der Kindheit andere Verhaltenssysteme überlagern. Schließlich spielen in der Bindung des Erwachsenen Sexualität und intellektuelle Interessen eine wichtige Rolle, während in der Mutter-Kind-Beziehung Wärme, emotionale und materielle Versorgung von entscheidender Bedeutung sind (vgl. Stöcker, K., Strasser, K., Winter, M. 2003, S. 145f.).

Auch in Liebesbeziehungen wird das Verhalten durch die internalen Arbeitsmodelle gesteuert. Die in früheren Beziehungen gemachten Erfahrungen gehen in Form von Erwartungen in neue Beziehungen ein. Bindungstheorie erwachsener Beziehungen wurde um einen vierten Bindungsstil, den ängstlich-vermeidenden, erweitert. Aus der Selbsteinschätzung und der Beurteilung der wichtigsten Bindungspersonen ergibt sich eine Klassifikation der Bindungsrepräsentationen in Partnerschaften, die vier Bindungsstile umfasst: sicher, ängstlich- ambivalent, ängstlich-vermeidend und gleichgültig-vermeidend. Sichere Personen haben ein positives Selbst- und Fremdbild, sie sind glücklicher und zufriedener als unsichere, sie sind stärker an den Partner gebunden und umsorgen ihn mehr. Sie verfügen über konstruktive Konfliktlösemöglichkeiten und investieren viel in die Partnerschaft.

Menschen, die als Kinder eine unsichere Bindung zu ihrer Mutter hatten, haben mehr Befürchtungen vom Partner verlassen oder nicht geliebt zu werden, nehmen ihre Partner als zurückweisend wahr und distanzieren sich mehr von ihrem Partner. Ängstlich-ambivalente Personen haben ein negatives Selbstbild und ein positives Fremdbild, sie beschäftigen sich ständig mit der Partnerschaft, suchen extreme Nähe und erleben ein Durcheinander der Gefühle, sind sehr eifersüchtig und klammernd, da sie stets Ablehnung oder Trennung befürchten. Sie haben wenig Vertrauen in den Partner, idealisieren ihn aber und sind von ihm abhängig.

Ängstlich-vermeidende Personen zeichnen sich durch ein negatives Selbst- und Fremdbild aus, sie haben besonders wenig Vertrauen in den Partner, sind frustriert und sich über ihre Gefühle im Unklaren. Gleichgültig-vermeidende Menschen haben ein positives Selbstbild und ein negatives Fremdbild. Diese Personen vermeiden Intimität in der Partnerschaft, betonen ihre eigene Unabhängigkeit und sind wenig bindungsbereit. Beide Gruppen vermeidender Personen haben Gemeinsamkeiten in ihrem Verhalten: die ängstlich-vermeidenden weichen engen Beziehungen aus, obwohl sie sich intime Beziehungen wünschen und gleichgültig-vermeidende tun das, weil sie sich keine intimen Beziehungen wünschen.

Die vier Bindungsstile lassen sich auf zwei Dimensionen abbilden, die dem Bindungsverhalten zugrunde liegen: Bindungsvermeidung, Bindungsangst. Bindungsvermeidung ist gekennzeichnet durch ein Unbehagen in Situationen von emotionaler Nähe und Intimität. Die Dimension Angst zeichnet sich durch die Angst vor Trennung oder Distanz und das Gefühl vom Partner nicht genug geliebt zu werden aus, sie ist deshalb stärker vom Verhalten des Partners abhängig und daher weniger stabil und weniger auf alle Bindungspersonen übertragbar.

Fehlende Angst und fehlende Vermeidung bedeuten demnach einen sicheren Bindungsstil, hohe Angst und hohe Vermeidung kennzeichnen einen ängstlich-ambivalenten Bindungsstil.

Frühe Bindungserfahrungen aus der Kindheit entscheiden nicht nur über spätere Bindungsstile, sondern auch darüber, welcher Partner später in einer Partnerbeziehung gewählt wird, dabei entstehen bestimmte Kombinationen von Bindungsstilen. Zahlreiche Untersuchungen haben gezeigt, dass sichere Personen bevorzugt mit sicheren und ängstlich-ambivalente mit vermeidenden Personen zusammen sind. Unsicher gebundene Partner verhalten sich in gewisser Weise komplementär. Die ängstlich-ambivalenten entwickeln sehr leicht das Bindungsverhalten, die vermeidenden sehr schwer, die ersten klammern, die letzten wollen sich nicht binden. Sichere Paarbildung kann einerseits bedeuten, dass der Partner auf der Grundlage einer vergleichbaren seelischen Gesundheit und sozialen Kompetenz ausgewählt wird. Andererseits soll durch das sichere Verhalten des Partners die eigene Sicherheit gesteigert werden. (vgl. Bierhoff/Grau 1999, S. 30ff.).

Prinzipiell ist niemand dazu verurteil, ein Leben lang einen unsicheren Bindungsstil zu haben. Der Bindungsstil weist zwar eine enorme Stabilität auf, kann jedoch durch neue Erfahrungen beeinflusst werden. Zu den früheren Bindungsrepräsentationen werden widersprüchliche Erfahrungen gesammelt, die im Laufe der Zeit dazu führen können, dass das innere Arbeitsmodell geändert wird und dass an die Stelle einer unsicheren Bindung eine sichere Bindung tritt. Wenn also eine Person, die aufgrund ihrer schlechten Erfahrungen mit den Eltern oder den früheren Partnern andere Menschen als nicht verlässlich ansieht, sich mit einem Partner verbindet, der zuverlässig und liebevoll ist, kann diese neue Erfahrung zur Entwicklung eines sicheren Bindungsstils führen. Ebenso kann ein sicher gebundener Mensch in jedem Lebensabschnitt durch die Beziehung zu einem extrem unsicheren Partner seine Sicherheit verlieren.

Die inneren Arbeitsmodelle entwickeln sich in einem fortlaufenden Prozess weiter, dabei spielen die aktuellen Lebensbedingungen eine bedeutsame Rolle. Außerdem entsteht aufgrund der fortschreitenden intellektuellen Entwicklung des Kindes und Jugendlichen die Fähigkeit zur Metakognition, die Fähigkeit, die eigenen Bindungserfahrungen zu überdenken und zu bewerten. Diese Erkenntnisse können das zukünftige Beziehungsverhalten beeinflussen. Das gilt gerade auch bei romantischen Beziehungen, bei denen durchaus die Möglichkeit besteht, aus eigenen Erfahrungen und Fehlern zu lernen (vgl. Bierhoff/Grau 1999, S. 27ff.).

## 5. Schluss

Bowlby setzt sich in seiner Bindungstheorie hauptsächlich mit der Bindung zwischen Kindern und ihren Eltern auseinander, die Theorie kann man jedoch auch auf die Bindungen innerhalb von Partnerschaften anwenden. Auch Erwachsene zeigen Bindungsverhalten, das ähnliche Erscheinungsformen aufweist, wie das zwischen Kind und Mutter. Erwachsene fühlen sich beispielsweise wohl und beschützt in der Nähe des Partners und leiden unter der Trennung von ihm.

Die Grundfrage meiner Arbeit lautete: haben die Erfahrungen, die ein Kind mit seinen Eltern macht, einen Einfluss auf seine Vorstellungen von einer partnerschaftlichen Beziehung später im Erwachsenenalter? Die geschilderten Erkenntnisse der Bindungsforschung belegen die lebenslange Bedeutung der frühkindlichen Bindungserfahrungen für die Gestaltung und den Verlauf der weiteren individuellen Entwicklung und der Liebesbeziehungen, denn bereits in der Kindheit werden wichtige Grundlagen für emotionale Sicherheit gelegt.

Sicheres Bindungsverhalten in der Kindheit, das durch die feinfühlige Beantwortung kindlicher Gefühlsäußerungen und Bedürfnisse seitens der Mutter bestimmt wird, wird als günstige Strategie für die sozial-emotionale Entwicklung angesehen. Menschen mit einem sicheren Bindungsstil sind zufriedener in der Partnerschaft, ihre Beziehungen dauern länger und sind durch mehr Engagement und wechselseitige Unterstützung gekennzeichnet, sie verfügen über konstruktive Konfliktlösemöglichkeiten und investieren viel in ihre Partnerschaft.

Die unsichere Bindung, ob in die ängstliche oder in die vermeidende Richtung, erschwert das Eingehen bzw. Erhalten einer partnerschaftlichen Beziehung. Eine unsichere Bindung hängt mit geringerer partnerschaftlicher Zufriedenheit und mit größerer Instabilität der Beziehung zusammen. Menschen, die als Kinder eine unsichere Bindung zu ihrer Mutter hatten, haben mehr Befürchtungen, vom

Partner verlassen oder nicht geliebt zu werden, sie nehmen ihre Partner als zurückweisend wahr und distanzieren sich mehr von ihrem Partner.

Der Bindungsstil ist jedoch kein Schicksal, das sich im ersten Lebensjahr entscheidet, sondern hängt auch von der Verlässlichkeit und der Unterstützung durch den Partner ab. Daher liegt die Vermutung nahe, dass es sinnvoll ist, bei der Partnerwahl nach verlässlichen und unterstützenden Personen zu suchen.

Mit seiner Bindungstheorie entfernt sich Bowlby von der traditionellen Psychoanalyse. Im Gegensatz zu Freud, der annahm, dass die frühkindliche Prägung das ganze weitere Leben des Menschen bestimmt und die psychische Entwicklung des Kindes in den ersten Lebensjahren abgeschlossen wird, hat Bowlby diese Sichtweise relativiert, da er die Bedeutung einer lebenslangen Entwicklung erkannt hatte. Zwar sind die in der frühen Kindheit festgesetzten Erfahrungen sehr schwer veränderbar, es besteht jedoch die Möglichkeit durch neue Erfahrungen von dem eingeschlagenen Weg abzubiegen und in sich in eine neue Richtung zu bewegen (vgl. Bierhoff/Grau 1999, S. 23).

## Literaturverzeichnis

Bierhoff, H.W./Grau, I.: Romantische Beziehungen. Bern: Huber 1999.

Böddeker, M.: Bindungsqualität und Beziehungsgestaltung in der Psychotherapie. Zum Einfluß frühkindlicher Bindungserfahrungen auf gegenwärtige Beziehungen. Regensburg: Roderer Verlag 1996.

Bovenschen, I.: Bindungsentwicklung im Vorschulalter. Die Fähigkeit zur Perspektivenübernahme als kognitive Grundlage der zielkorrigierten Partnerschaft. Hamburg: Verlag Dr. Kovac 2006.

Bowlby, J.: Elternbindung und Persönlichkeitsentwicklung. Therapeutische Aspekte der Bindungstheorie. Heidelberg: Dexter Verlag 1995.

Grossmann, K./Grossmann, K.: Bindungen- das Gefüge psychischer Sicherheit. 3. Auflage, Stuttgart: Klett- Cotta 2006.

Schmalohr, E.: Frühe Mutterentbehrung bei Mensch und Kind. Entwicklungspsychologische Studie zur Psychohygiene der frühen Kindheit. 2. Auflage, München: Kindler Verlag 1975.

Stöcker, K., Strasser, K., Winter, M. Bindung und Partnerschaftsrepräsentation. In I. Grau & H.W. Bierhoff (Hrsg.), Sozialpsychologie der Partnerschaft (S. 137-163). Berlin: Springer 2003.

Carolin Büdel

**Bindungstheorie und Bindungsforschung: Bedeutung der Väter als Bindungsperson**

2008

# 1. Einleitung

Die Bedeutung von Bindungen wird zurzeit in vielen Lebensfeldern von Kindern und Jugendlichen intensiv diskutiert. Es stellt sich die Frage, ob überhaupt und ab welchem Alter es sinnvoll ist, Kinder in Krippen zu betreuen und erziehen zu lassen. Können ErzieherInnen Mütter für einen gewissen Zeitraum vertreten oder ist die Bindung zwischen Mutter und Kind durch nichts zu ersetzen? Oft werden Frauen die Kinderziehung und Beruf miteinander verbinden damit konfrontiert, dass sie sich nicht ausreichend um ihre Jüngsten kümmern können und deshalb sogar als Rabenmütter bezeichnet werden. Diese Punkte haben dazu beigetragen, dass vermehrt die Bedeutung von Vätern für das Aufwachsen von Kindern in den Fokus der Wissenschaft trat und neue Fragestellungen im Kontext mit der Erforschung von Bindungen aufkamen. So wachsen z.B. aufgrund der hohen Scheidungsrate in der Bundesrepublik Deutschland viele Kinder ohne die ständige Anwesenheit ihrer Väter auf. Haben diese Kinder die gleichen Entwicklungschancen wie Kinder aus vollständigen Familien? Warum bekommen in Sorgerechtsentscheidungen meist die Mütter das Sorgerecht für das gemeinsame Kind zugesprochen, und sind alleinerziehende Mütter überhaupt in der Lage, die Rolle der Väter mit zu übernehmen?

Es zeigt sich, dass das Themengebiet Mutter-Kind- bzw. Vater-Kind-Bindungen aktueller denn je ist. Die vorliegende Arbeit versucht mit Hilfe der Bindungstheorie und der Bindungsforschung viele dieser offenen Fragen anzugehen. Die Basis dieser Arbeit stellt die Bindungstheorie nach John Bowlby und Mary Ainsworth dar, welche ausführlich dargelegt wird. Begrifflichkeiten wie „Feinfühligkeit" oder „sichere Basis" werden vorgestellt und erläutert. Der zweite Teil der Arbeit beschäftigt sich mit den aktuellen Ergebnissen der Bindungsforschung. Zum Abschluss der Hausarbeit wird die Bedeutung von Vater-Kind-Bindungen dargestellt. Neben aktuellen Ergebnissen der Väterforschung werden Möglichkeiten der Einbeziehung von Vätern in die verschiedenen Bereiche der Sozialen Arbeit erörtert.

## 2. Grundlagen der Bindungstheorie

Um einen Einblick in die Bindungstheorie zu bekommen, werden im Folgenden die wesentlichen Kernpunkte dieses Konzeptes vorgestellt. Nach einer kurzen Definition des Begriffes „Bindung" werden die Grundlagen der Bindungstheorie und die damit verbundenen Begrifflichkeiten erörtert.

### 2.1 Definition des Begriffes „Bindung"

Der Wunsch, Bindungen einzugehen, wird neben Nahrungsaufnahme und Sexualität als primäres, angeborenes Grundbedürfnis eines Menschen angesehen. John Bowlby, der als Begründer der Bindungstheorie angesehen wird, schreibt hierzu: „Die Ethologie betrachtet die Neigung, starke emotionale Bindungen zu spezifischen Individuen aufzubauen, als eine grundlegende Komponente der menschlichen Natur, welche im Keim bereits beim Neugeborenen vorhanden ist und die bis zum Erwachsenenalter und hohen Alter bestehen bleibt" (Spangler/Zimmermann 2002, S. 20f.). Nach Aussagen John Bowlbys ist Bindung: „... jede Form von Verhalten, das durch das Suchen oder Aufrechterhalten von Nähe zu einer anderen Person entsteht, die in der Lage zu sein scheint, besser mit der Welt zurecht zu kommen" (Bowlby 1988, S. 26f. sinngemäß übersetzt). Bindung bedeutet also, die Neigung eines Menschen, enge, von intensiven Gefühlen getragene Beziehungen zu anderen spezifischen Personen zu suchen und beizubehalten, die ihm subjektiv ein Gefühl von physiologischer und/oder psychischer Sicherheit vermitteln.

In Wechselbeziehung zum Bindungsverhalten stehen die komplementären Bedürfnisse eines Kindes nach Exploration und autonomen Verhalten. In der Praxis bedeutet dies, dass sichere Bindungen mit Bezugspersonen eine wesentliche Voraussetzung für Kinder sind, um sich von diesen zu lösen und selbständige Erkundungen unternehmen zu können (vgl. Spangler/Zimmermann 2002, S. 21).

### 2.2 Die Bindungstheorie nach John Bowlby und Mary Ainsworth

Die Anfänge der Bindungsforschung sind untrennbar mit dem englischen Psychiater John Bowlby verbunden (*1907 – +1990). Den Anstoß zu seinem lebenslangen Forschungsprojekt erhielt John Bowlby im England der

Nachkriegszeit, wo er als Kinderpsychiater in zwei Heimen mit schwer erziehbaren Kindern und Jugendlichen arbeitete (vgl. Schleiffer 2007, S. 16). Durch die Folgen des Krieges waren die Kinder von ihren Eltern getrennt worden und wiesen teilweise ausgeprägte Persönlichkeitsstörungen auf, für welche zunächst keine zufrieden stellenden Erklärungen gefunden wurden. Bowlby stand gleichermaßen den physikalischen Erklärungsversuchen des Behaviorismus, für den sich jedes beobachtbare Verhalten in ein Reiz-Reaktionsschema einordnen lässt, kritisch gegenüber, wie auch den empirisch nicht verifizierbaren Vermutungen der Psychoanalyse (vgl. Schleiffer 2007, S. 17). Aufgrund von fehlenden Antworten entwickelte Bowlby die Bindungstheorie, „ein Konzept der personenbezogenen tiefen emotionalen Beziehung des Kleinkindes an (zunächst) seine Mutter bzw. Hauptpflegeperson" (Stahlmann 2007, S. 50). John Bowlby gelang es, durch die Verbindung von „entwicklungspsychologischem, klinisch-psychoanalytischem und evolutionsbiologischem Wissen", die Bedeutung der Bindung eines Kindes an seine Mutter (bzw. an seine primäre Bezugsperson) in der frühen Kindheit herauszuarbeiten (Stahlmann 2007, S. 50). In seine Theorie integrierte Bowlby die Erkenntnisse von René Spitz, dass eine alleinige Befriedigung von körperlichen Bedürfnissen bei der Versorgung von Kindern im Krankenhaus nicht für deren Überleben und Wohlergehen ausreicht, und die Ergebnisse von Harry F. Harlow, dessen Rhesusaffen die Wichtigkeit der emotionalen Bedürfnisbefriedigung zeigten, indem sie in Versuchen die weiche Mutterattrappe der Versorgungsattrappe aus Metall bevorzugten (vgl. Rittelmeyer 2005, S. 49ff). Die Bindungstheorie ist aber nicht alleine mit dem Namen John Bowlbys in Verbindung zu bringen. Weitere Wissenschaftler haben sich mit der Bedeutung von Bindungsbeziehungen auseinandergesetzt - unter anderem Mary Ainsworth. Sie „untermauerte nicht nur die wesentlichen Aussagen der Bindungstheorie durch empirische Befunde, sondern trug durch die Berücksichtigung individueller Unterschiede und den Begriff der sicheren Basis auch wesentlich zu ihrer Erweiterung bei" (vgl. Spangler/Zimmermann 2002, S. 27). Aus diesem Grund werden auch ihre Erkenntnisse in der vorliegenden Arbeit berücksichtigt.

Verschiedene Begrifflichkeiten wie z.B. die „Feinfühligkeit" oder die „sichere Basis" sind unzertrennlich mit der Bindungstheorie verknüpft. Um die im Wesentlichen von John Bowlby und Mary Ainsworth entwickelte Bindungstheorie zu verstehen, werden diese Begriffe im Folgenden genauer erläutert und somit gleichzeitig die Bindungstheorie vorgestellt.

## 2.2.1 Feinfühligkeit

Eine besondere Rolle bei der Entstehung von Bindungen zwischen Kind und Bezugsperson spielt die „Feinfühligkeit der Bezugsperson" (Stahlmann 2007, S. 51). Ziegenhain verweist auf verschiedene Wissenschaftler und schreibt hierzu: „Elterliche Feinfühligkeit ist danach nicht nur wesentliche Bedingung für die aktuelle positive Befindlichkeit des Säuglings und Kleinkindes, sondern auch Voraussetzung für die Entwicklung positiver sozial-emotionaler Kompetenzen im Vorschul- und Schulalter, ebenso wie für spätere positive Selbstwerteinschätzung" (Ziegenhain, S. 104). Gemessen wird die Feinfühligkeit einer Bezugsperson an dem Maße, wie diese kindliche Signale wahrnimmt (z.b. weinen), wie richtig sie diese interpretiert (z.b. Kind hat Hunger) und inwieweit sie angemessen und prompt auf diese reagiert (z.B. Kind füttern) (vgl. Ziegenhain, S. 104). Begegnet eine Bezugsperson ihrem Kind in hohem Maße feinfühlig, entwickelt sich bei diesem emotionale Sicherheit und Vertrauen – es entsteht eine sog. sichere Basis. Aus diesem Grund ist es wichtig, dass Eltern adäquat, schnell und behutsam auf die Reaktionen ihres Babys bzw. Kleinkindes reagieren. Abgrenzung zur Überbehütung besteht in dem Maße, dass die Reaktionen der Bezugspersonen entwicklungsfördernd für das Kind sein müssen, also z.B. die Mutter dem Kind nicht etwas abnimmt, „was dieses selbst hätte tun können, bzw. inwieweit sie die Autonomie des Kindes respektiert" (Stahlmann 2007, S. 51). Als Ergebnis von Feinfühligkeit lernt das Kind, dass die Mutter bzw. primäre Bezugsperson jemand ist, der Bedürfnisse befriedigt und dem man vertrauen kann – die Grundlage für die Entstehung einer sicheren Basis.

## 2.2.2 Sichere Basis

Im vorherigen Abschnitt hat sich gezeigt, dass die Feinfühligkeit der Bezugsperson die Bindungsbeziehung zum Kind wesentlich bestimmt. Aufgebaute Bindungen sind ausschlaggebend für das Kind und die Bindungsperson, da bei einer Trennung das „Bindungsverhaltenssystem aktiviert" wird und das Kind Nähe und Kontakt zu seiner Bezugsperson sucht (vgl. Stadler 2002, S. 31). Mary Ainsworth führt in diesen Zusammenhang den Begriff der „sicheren Basis" (secure base) ein, welcher das Sicherheitsgefühl beschreibt, das eine Bindungsperson dem Kind bietet (vgl. Holmes 2006, S. 258). Jeremy Holmes schreibt über den Effekt der sicheren Basis: „Wenn uns Gefahr droht, klammern wir uns an unsere Bindungsperson. Wenn die Gefahr vorüber ist, ermöglicht uns ihre Anwesenheit zu arbeiten, zu entspannen und zu spielen – aber nur, wenn wir uns sicher sind, dass die Bindungspersonen da sein werden, wenn wir sie wieder brauchen. Wir können stürmische Meere ertragen, wenn wir uns eines sicheren Hafens gewiss sind" (vgl. Holmes 2006, S. 258). Zusammenfassend lässt sich sagen, dass die sichere Basis dem Kind einerseits Sicherheit und Schutz bietet, andererseits die Grundlage für neugieriges Erforschen und Auskundschaften der Umgebung, das sog. Explorationsverhalten, darstellt.

### 2.2.3 Innere Arbeitsmodelle

Im Folgenden wird das Konzept der inneren Arbeitsmodelle vorgestellt. Dieses Konzept ist besonders bedeutsam, da es „derzeit das plausibelste Erklärungsmodell" dafür ist, „dass sich frühe Bindungsstrategien im weiteren Entwicklungsverlauf von Kindern in ihrem Erleben und Verhalten fortsetzen" (Ziegenhain, S. 106).

Die Grundannahme des Konzeptes der inneren Arbeitsmodelle ist der Gedanke, dass die Entwicklung des Bindungsverhaltens eines Kindes in erster Linie durch die alltäglichen Bindungserfahrungen mit seinen primären Bezugspersonen geprägt wird. John Bowlby erläutert die Entstehung von inneren Arbeitsmodellen wie folgt: „Das Individuum schafft sich Vorstellungsmodelle von der Welt und von sich selbst (…), mit deren Hilfe es Ereignisse wahrnimmt, die Zukunft vorhersieht und seine Pläne macht. Ein Schlüsselmerkmal des Versuchsmodells von der Welt, das sich jeder schafft, ist die Vorstellung von dem, wer seine Bindungsfiguren sind, wo er sie finden kann und wie sie wahrscheinlich reagieren" (1986, S. 247). Innere Arbeitsmodelle sind demnach geistige Vorstellungen eines Menschen von sich selbst und seinen Bindungspersonen, die ihm helfen, seine Welt zu strukturieren, Reaktionen anderer Menschen mit einzubeziehen und so sein eigenes Verhalten an die betreffende Umwelt anzupassen. Ziegenhain merkt hierzu an: „Innere Arbeitsmodelle lassen sich als Ergebnis der Beziehungs(vor-)erfahrungen von elterlicher Verfügbarkeit und Feinfühligkeit beziehungsweise fehlender oder mangelnder Feinfühligkeit interpretieren" (S. 106). Demnach entwickelt ein Kind durch die Beziehung zu seinen Bindungspersonen eine Vorstellung von sich selbst und seinem Gegenüber. So lernt ein Kind bei einer sehr feinfühligen Bezugsperson: „Wenn ich traurig bin, werde ich getröstet", bei einer weniger feinfühligen Person eher: „wenn ich traurig bin, muss ich alleine zurechtkommen". Diese aufgebauten inneren Vorstellungen eines Kindes beeinflussen dann wiederum sein Verhalten gegenüber seiner Umwelt. Ziegenhain schreibt hierzu: „ Das Kind sucht und erlebt neue Beziehungen im Kindergarten oder in der Schule auf der Grundlage seiner bisherigen Beziehungserwartungen und -erfahrungen mit sich selbst und anderen. Es verhält sich entsprechend seinen Erwartungen und die anderen reagieren entsprechend darauf" (S. 106). Es zeigt sich, dass entstandene innere Arbeitsmodelle einen Menschen prägen und sein Leben maßgeblich beeinflussen. An diesem Punkt wird auch deutlich, wie eng die Entstehung des eigenen Selbstbildes mit Wertschätzung und Anerkennung oder Abwertung und Ablehnung von Seiten der Bindungspersonen verbunden ist (vgl. Ziegenhain, S. 106).

## 2.2.4 Bindungstypen

Zu den wichtigsten Studien innerhalb der Bindungstheorie gehören die Forschungen des kindlichen Bindungsverhaltens durch Mary Ainsworth (vgl. Rittelmayer 2005, S. 70). Sie entwickelte ein Verfahren, die sog. „fremde Situation"[38], mit dessen Hilfe das Bindungsverhalten von einjährigen Kindern untersucht werden konnte. Ziel bei der Durchführung der fremden Situation ist, individuelle Unterschiede in der Bewältigung von Trennungsstress zu erkennen. Mit Hilfe des Verfahrens konnten zunächst drei, später dann vier, grundlegende Formen des Bindungsverhaltens beobachtet werden, das von Kindern gegenüber ihren Müttern gezeigt wurde:

„1. Die **sichere Bindung**, die dadurch gekennzeichnet ist, dass das Kind bei Rückkehr der Mutter Freude und Erleichterung und auch erneute Zuwendung zur Mutter zeigt (diese Kinder werden in der Fachliteratur mitunter auch B-Kinder genannt).

---

[38] Die fremde Situation besteht aus einer 20-minütigen Sitzung, bei der die Mutter und ihr einjähriges Kind zunächst mit einem Versuchsleiter in ein unbekanntes Spielzimmer geführt werden. Nach einiger Zeit wird die Mutter gebeten, den Raum für drei Minuten zu verlassen, wodurch das Kind mit dem Versuchsleiter alleine gelassen wird. Nach ihrer Rückkehr und der Wiedervereinigung mit ihrem Kind gehen Mutter und Versuchsleiter für drei Minuten aus dem Zimmer und lassen das Kind allein. Mutter und Kind werden dann noch einmal vereint. Der ganze Vorgang wird auf Video aufgezeichnet und bewertet, wobei das Hauptaugenmerk auf der Reaktion des Kindes auf die Trennung und die Wiedervereinigung liegt. (vgl. Rittelmeyer 2005, S. 70)

2. Die **unsichere Bindung**. […] Für diese unsichere Bindung war typisch, dass die Kinder den Kontakt mit der Mutter erkennbar vermieden, etwa dadurch, dass sie ihr, nachdem sie den Raum wieder betreten hatte, den Rücken zuwendeten (auch A-Kinder genannt).

3. Die **ambivalente Bindung**, […] war u.a. dadurch gekennzeichnet, dass die Kinder beim Weggehen der Mutter mit Trauerreaktion (z.B. mit Weinen) reagierten, nach deren Rückkehr jedoch nur geringe Zuneigung oder sogar Abneigung zeigten. Die Gefühle der Kinder waren also deutlich ambivalent (so genannte C-Kinder)." (Rittelmayer 2005, S. 70f.)

In späteren Forschungsarbeiten kristallisierte sich noch ein vierter, der **desorganisierte/desorientierte Bindungstyp** heraus. Die Kinder zeigten hier eine vielseitige Bandbreite an verwirrtem Verhalten, zu dem ein „Einfrieren" oder stereotype Bewegungen gehörten, wenn sie wieder auf ihre Mutter trafen (vgl. Holmes 2006, S. 129).

Die verschiedenen Bindungstypen zeigen, dass sich von Anfang an aufgrund von unterschiedlichen Erlebnissen mit den Bindungspersonen unterschiedliche Bindungsmodelle bei den Kindern entwickeln. Klaus und Karin Großmann kamen bei Untersuchungen mit dem Verfahren der fremden Situation zu folgendem Ergebnis: Es gebe zwar „offenbar ein `genetisches Programm`, das jedes Kind nach sicheren Bindungen suchen lässt. Seine Verwirklichung werde aber durch die Anzahl der Bindungspersonen und die Anzahl der qualitativen Bindungsvarianten deutlich beschränkt. Sichere Bindungen werden vor allem durch feinfühlige, einfühlsame und kooperative Umgangsformen der Bezugsperson gefördert" (Rittelmayer 2005, S. 73). Sichere Bindungen ermöglichen dem Kind, angstfreier seine Umwelt zu erkunden und leichter Kontakt mit anderen Kindern aufzunehmen. Es zeigt sich, dass eine sichere Bindung, dem Kind einen optimalen Start in sein Leben ermöglichen kann.

## 3. Aktuelle Bindungsforschung

Bereits in den 40 Jahren begann John Bowlbys Nachfragen über den Zusammenhang von Bindungsbeziehungen und deren Einflüsse auf die Psyche des Menschen. Die von ihm und Mary Ainsworth entwickelte Bindungstheorie war und ist auch heute noch ein wichtiges Erklärungsmodell für zwischenmenschliche Beziehungen. Inzwischen hat sich allerdings die Bindungsforschung weiter ausdifferenziert und ermöglicht immer genauere Einblicke in das Wesen der frühkindlichen Bindung. Im Folgenden werden aktuelle Ergebnisse der Bindungsforschung zusammengefasst.

Bowlby vertrat zu Beginn seiner Forschungen das „Monotropieprinzip", welches ihren Ursprung in der Psychoanalyse findet (vgl. Holmes 2006, S. 257). Bowlby verstand unter diesem Prinzip, dass Kinder in den ersten Jahren dazu neigen, nur **eine einzige** besonders tief gehende Bindung zu entwickeln – in der Regel zur Mutter. Im Jahre 1969 verwarf John Bowlby dann sein Bild von der „Monotropie" und erkannte die Bedeutung des Vaters an. „Bowlby sah allerdings im Vater eher einen vertrauten Gefährten, der als Bindungsperson nachrangig zur Mutter war" (Datler/Gstach/Steinhardt 2002, S. 43). Bei Beobachtungen von Vätern und Kindern in den 60er Jahren u.a. in Schottland konnte zweifelsfrei festgestellt werden, dass fast alle Säuglinge eine enge Bindung zu ihrem Vater entwickelten (vgl. Datler/Gstach/Steinhardt 2002, S. 44). Auch Karin Großmann widerspricht den Vorstellungen von Bowlby, dass nur die Mutter eine enge Bindung zu ihrem Kind aufbauen kann. In einem Interview vom 18.05.2005 des WDR 5 wird sie wie folgt zitiert: „Heute würde man sagen, das Kind hat die Fähigkeit, sich an zwei oder drei Personen zu binden, die es sehr genau unterscheidet. Manche Personen braucht es mehr, wenn es sich ganz schlecht fühlt. Wenn es krank, müde und knatschig ist. Meist die Mutter, weil sie die Hauptbetreuungsperson ist. Manche will es aber eher haben, wenn es was Aufregendes erleben will und Unterstützung braucht. Und dann gibt es noch weitere Bindungspersonen, die das Kind sehr liebevoll versorgen können, wenn weder Vater noch Mutter da sind" (http://www.wdr.de/sendungen /leonardo/manuskript/ms050518_-_schwerpunkt_-_bindungstheorie_-_klaus_wilhelm_a.pdf, Abruf am 15.03.2008). Die Erkenntnisse von Karin Großmann gehen sogar einen Schritt weiter, als die durchgeführten Untersuchungen in Schottland. Nicht nur der Vater ist als zweite Bindungsperson möglich, sondern auch Großeltern, Erzieher in Kinderkrippen bzw. Kindergärten oder andere nahestehende Bezugspersonen. In der Praxis bedeutet dies, dass auch Kleinkinder in öffentlichen Einrichtungen oder bei Pflegemüttern mit gutem Gewissen betreut werden können (vgl. Ahnert 2004, S. 276). In dem bereits erwähnten Interview des WDR 5 kommt der Autor zu folgendem Schluss: „Zwar bedeutet Trennung zunächst Stress. Doch wer Temperament und Entwicklungsphase seines Kindes beachtet, wer sorgsam die Qualität einer Krippe oder einer Tagesmutter ermittelt, sein Baby langsam an die neue Umgebung gewöhnt und die verbleibende Zeit dem Kinde widmet, kann seinen Nachwuchs schon früh für einige Stunden fremd betreuen lassen. Ohne dass es zu seelischen Fehlentwicklungen kommt" (http://www.wdr5.de/sendungen/leonardo/476970.phtml, Abruf am 16.03.2008). Die NICHD Study of Early Child Care – eine groß angelegte Längsschnittstudie aus den USA – bestätigt diese Ergebnisse. In dieser Studie wurde während der ersten 15 Lebensmonate die Mutter-Kind-Bindung mit Hilfe der „Fremden Situation" erfasst. In der Studie wurden keine Unterschiede zwischen fremdbetreuten und in der Familie aufwachsenden Kindern bei der Klassifikation der Mutter-Kind-Bindungen ermittelt (vgl. http://www.kindergartenpaedagogik.de/ 1602.html, Abruf am 12.03.2008). Es zeigte sich, dass die Qualität der Mutter-Kind-Bindung erhalten bleibt, auch wenn das Kind Bindungen zu weiteren Personen eingeht. Dieses Ergebnis ist besonders in solchen Konstellationen von Bedeutung, wo im Falle berufstätiger Mütter neben der leiblichen Mutter noch eine Pflegemutter hinzukommt, zu denen Kinder oft intensive Beziehungen aufbauen. Hierbei konnte beobachtet werden, dass das Kind eine deutliche Unterscheidung zwischen den verschiedenen Bindungspersonen vornimmt, indem es ihnen unterschiedliche Funktionen zuordnet (z.B. bleibt die leibliche Mutter häufig die zentrale Bindungsperson, an die das Kind sich vorrangig wendet, wenn es sich schlecht fühlt).

Auch zeigte sich in den Studien, dass nicht die Quantität der Beziehung zu einer oder mehreren Bezugspersonen ausschlaggebend für die Entwicklung einer bestimmten Bindung ist, sondern die Qualität. Bowlby nahm an, dass die ständige Verfügbarkeit der Bezugsperson in den ersten Lebensjahren unabdingbar ist, damit das Kind eine sichere Bindung entwickeln kann. Die Entwicklung der Bindung hängt aber nicht von der ständigen Anwesenheit der Bezugsperson ab, sondern von der entwickelten Qualität der Bindung. Und die Qualität der Bindung wird durch das Maß der gezeigten Feinfühligkeit durch die Bezugsperson bestimmt. Diese Ergebnisse sind bedeutsam für die Frage, ob eine Fremdbetreuung in einer Kinderkrippe schädlichen Einfluss auf die Entwicklung eines Kindes hat. Eine Mutter muss ihr Kind nicht 24 Stunden betreuen.

Wichtiger ist, dass sie während der gemeinsamen Zeit sehr feinfühlig auf ihr Kind eingeht.

In aktuellen Untersuchungen wurden Mutter-Kind-Bindungen neu interpretiert, aber auch Vater-Kind-Bindungen rückten in den letzten Jahren immer mehr in den Fokus der Wissenschaft. Mit der gegenwärtigen Väterforschung beschäftigt sich der folgende Abschnitt.

## 4. Bedeutung der Väter als Bindungspersonen

Die immense Bedeutung der Mutter als Bindungsperson für ein Kind wurde bereits im ersten Kapitel dieser Hausarbeit im Rahmen der Bindungstheorie nach John Bowlby erläutert. Die Bedeutung der Vater-Kind-Bindung wurde außen vor gelassen und soll an dieser Stelle fokussiert werden.

### 4.1 Aktuelle Väterforschung

Es existieren einige Studien, die sich mit Vater-Kind- bzw. Mutter-Kind-Beziehungen befassen (vgl. Kindler, S. 38ff). Die Methoden, auf welche die einzelnen Untersuchungen zurückgreifen, sind verschieden. Während die ersten Forschungen vermehrt auf Befragungen aufbauten, nahm im Laufe der Zeit die Bedeutung von Beobachtungssituationen zu. Besonders repräsentativ sind zwei groß angelegte Längsschnittstudien aus Deutschland, welche sich speziell mit der Bedeutung der Vater-Kind-Bindungen auseinandersetzen. Ergebnisse, die einen wesentlichen Einfluss auf die Praxis der Sozialen Arbeit im Umgang mit Familien und besonders Vätern haben, werden im Folgenden anhand der Bielefelder und Regensburger Längsschnittstudie vorgestellt.

## 4.1.1 Die Rolle des Vaters

Im Rahmen der „Bielefelder Längsschnittstudie"[39] beschäftigte sich eine Forschergruppe mit Vater-Kind-Beziehungen und stellte fest, dass den meisten Vätern die Rolle als „Spielpartner, Herausforderer und Lehrer" näher liegt als die mütterliche Rolle (Datler/Gstach/Steinhardt 2002, S. 45). Aus diesem Grund schien für die Forschergruppe das Verfahren der „Fremden Situation" nicht das richtige Arrangement zu sein, um die Qualität von Vater-Kind-Beziehungen zu erfassen. Die Forschergruppe ging davon aus, dass eine Klassifizierung der Vater-Kind-Bindung in der fremden Situation, in der es vorrangig um Trennungsleid geht, weniger geeignet ist. Daher wurde das Arrangement der gemeinsamen Spielsituation gewählt, in welcher der Vater eher die herausfordernde Rolle einnehmen konnte (vgl. Datler/Gstach/Steinhardt 2002, S. 54).

Die Untersuchungen kamen zu dem Schluss, dass andere Verhaltensweisen des Vaters als die der Mutter für ein Kind von Bedeutung sind (vgl. Datler/Gstach/Steinhardt 2002, S. 4). Sie schreiben hierzu: „Das positive Bild einer Mutter als Sicherheitsbasis beruht im Rahmen der Bindungstheorie eher auf einer Abkehr des Kindes vom ängstigenden Ereignis und seiner Flucht in den sicheren Hafen. Das positive Bild vom Vater als Sicherheitsbasis lässt sich eher dadurch charakterisieren, dass er als Sicherheitsbasis mitkommt zu den Erkundungen und das Kind dabei ermutigt und unterstützt" (Datler/Gstach/Steinhardt 2002, S. 46). Während also in der Bindungstheorie die Mutter als Bindungsfigur den „sicheren Hafen" repräsentiert, wird der Vater eher als Begleiter und Unterstützer bei Erkundungen und Explorationen gesehen und unterstützt hier einen wichtigen Bereich der kindlichen Entwicklung. Die Forschungsgruppe um das Ehepaar Großmann kommt zu dem Schluss, dass Väter in der Väterforschung „seltener in der Rolle eines mütterlichen Betreuers" gesehen werden (Datler/Gstach/Stein-hardt 2002, S. 46). Sie beziehen sich auf verschiedene Wissenschaftler, fassen deren und eigene Ergebnisse zusammen und stellen fest, dass der Vater eher in der Rolle:

---

[39] Bei der Bielefelder Längschnittstudie wurden 49 Familien vom ersten bis zum sechzehnten Lebensjahr ihres Kindes wissenschaftlich begleitet und mehrfach beobachtet bzw. befragt. Der genaue Forschungsrahmen und detaillierte Ergebnisse von der Forschungsgruppe um das Ehepaar Großmann sind im Buch „Die Bedeutung des Vaters in der frühen Kindheit" von Datler, Gstach und Steinhardt (Hrsg.) zu finden.

„1. als interessanten, weil andersartigen Interaktionspartner, der andere und aufregendere Dinge mit dem Kind macht als die Mutter;

2. als Herausforderer, der das Kind auffordert, Neuartiges zu tun, dass es sich ohne seine Hilfe nicht zutrauen würde;

3. als Vermittler von Bereichen der Umwelt (z.b. Feuer, Wasserkraft, Klippen und Baumhöhen), die ohne seine sorgsame Umsicht für das Kind zu gefährlich oder ohne sein Wissen uninteressant wären;

4. als Vermittlern von Spielen und Festivitäten der jeweiligen Kultur;

5. als Lehrer und Mentor seines eigenes Könnens und dem Wissen, wie man eine Familie ernährt" gesehen wird (Datler/Gstach/Steinhardt 2002, S. 46f.).

### 4.1.2 Feinfühligkeit von Vätern

In einer weiteren Untersuchung der Bielefelder Längsschnittstudie wurde die Spielfeinfühligkeit von Vätern mit ihren Zweijährigen Kindern und ihrem Umgang mit gegenseitigen Anforderungen und Wünschen analysiert. Dabei stellte sich heraus, dass je höher die Spielfeinfühligkeit der Väter war, desto zuverlässiger reagierte das Kind auf ihn, desto interessierter war es vom Vater zu lernen, desto weniger kommandierte es den Vater herum und desto mehr fragte es um seine Erlaubnis, wenn es einen Plan hatte. Auch wurde bewiesen, dass Väter, die für ihr zweijähriges Kind ein guter Spielpartner waren, bereits „messbar einfühlsamer im Umgang mit ihrem Säugling" gewesen sind, als andere Väter (Datler/Gstach/Steinhardt 2002, S. 45). Es zeigte sich innerhalb dieser Studie, dass das Maß der Feinfühligkeit von Vätern – ähnlich wie bei der Feinfühligkeit der Mutter, die Bowlby beschreibt – die Beziehung zum Kind prägen. Es wurde auch deutlich, dass die Mutter-Kind-Bindung eher mit der Feinfühligkeit, auf die Bindungssignale des Kindes reagieren zu können, zusammenhängt, während bei Vätern eher ein Zusammenhang zwischen Bindung und Spiel erkannt wurde.

Innerhalb der Studie wurde auch deutlich, dass die „Güte der Beziehung zum Vater eher nach dem ersten Lebensjahr als früher eine langfristige Rolle spielt" (Datler/Gstach/Steinhardt 2002, S. 44). Dieses Ergebnis ist kongruent mit einer Forschungsreihe von West und Konner, deren Forschungen ergab, dass in den

„meisten Kulturen enge Vater Kind Beziehungen erst ab einem Alter, in dem der Vater dem Kind die Kulturtechniken vermitteln kann", zu finden sind (Datler/Gstach/Steinhardt 2002, S. 44).

### 4.1.3 Langfristige Bedeutung von Vater-Kind-Bindungen

Es stellt sich die Frage, wie sich die Bindung, die ein Vater zu seinem Kind aufbaut, auf dessen Persönlichkeitsentwicklung und Lebenslauf auswirkt. Auch hierüber gibt die Bielefelder Längsschnittstudie Auskunft. In Untersuchungen konnte der Einfluss der feinfühligen Unterstützung kindlicher Exploration auf die Bindungsentwicklung bis ins junge Erwachsenenalter nachgewiesen werden. So zeigten z.B. 22jährige, die einen angemessenen herausfordernden feinfühligen Vater in der Kindheit erlebt hatten, mehr Sicherheit im AAI (Adult Attachment Interwiev) als andere Gleichaltrige. Ähnlich positive Ergebnisse wurden auch festgestellt für die Bedeutung und den Einfluss von väterlicher Spielfeinfühligkeit im Kleinkindalter auf die soziale Kompetenz und die „Vorstellung des Jugendlichen, welche emotionalen Qualitäten zu einer Freundschaft gehören" (Datler/Gstach/Steinhardt 2002, S. 62). Die Untersuchungen belegen, dass Jugendliche, deren Väter ihnen in der Kindheit bei der Lösung von Aufgaben behilflich waren und mit ihnen Situationen zum Positiven gestalteten, eine höhere Integrationsrate in Gleichaltrigengruppen aufweisen und vertrauensvollere und engere Freundschaften knüpfen können, als Vergleichsgruppen (vgl. Kindler 2002, S.118). Weiterhin zeigen Jugendliche mehr Selbstvertrauen in neuen Situationen und mentalen Explorationen, wenn sie im Kleinkindalter einen feinfühligen und herausfordernden Vater erlebt hatten (vgl. Datler/Gstach/Steinhardt 2002, S. 61). Dieser Aspekt ist vor allem für das „Gesamtkonzept von Bindungssicherheit wichtig", weil die „psychische Sicherheit im explorativen Bereich" die „Entwicklung neuer innerer Arbeitsmodelle ermöglicht" (Datler/Gstach/Steinhardt 2002, S. 64).

### 4.1.4 Fazit

Abschließend lässt sich festhalten, dass Väter genauso wie Mütter schon in der frühen Kindheit einen großen Einfluss auf die sozioemotionale Entwicklung eines Kindes haben. „Vielleicht setzt sein Einfluss nicht ganz so früh ein und ist weniger unmittelbar an die tägliche Versorgung des Kindes gekoppelt als der

der Mutter, aber er wird mit zunehmendem Alter des Kindes deutlich nachweisbar", so die Forschungsgruppe der Bielefelder Längsschnittstudie (vgl. Datler/Gstach/Steinhardt 2002, S. 67). Die Forschungsgruppe kommt zu folgendem Schluss: „Die Auswirkungen feinfühliger Herausforderung durch den Vater zeigten sich in unseren Untersuchungen bis ins junge Erwachsenenalter hinein auf ebenso eindrucksvolle Weise wie die der Mütter in der traditionellen Bindungsforschung" (vgl. Datler/Gstach/Stein-hardt 2002, S. 67).

## 4.2 Konsequenzen der Väterforschung für die Soziale Arbeit

Verschiedene Forschungen kommen zu dem Ergebnis, dass Väter wichtige Bezugspersonen für ihre Kinder sind. Es stellt sich die Frage, welche Möglichkeiten es in der Praxis der Sozialen Arbeit gibt, diese Resultate gewinnbringend einzusetzen.

Die Längsschnittstudien haben gezeigt, dass sich ein positiver Umgang zwischen Vätern und ihren Kindern positiv auf deren Lebenslauf auswirken. Aus diesem Grund sollten Väter soweit wie möglich in die Erziehung und Betreuung ihrer Kinder involviert werden. Sinnvoll ist es, diesem Ziel bereits lange vor der Geburt nachzugehen, z.B. in Vorbereitungskursen und Beratungen, zu denen Mütter und Väter eingeladen werden. Eine Einbeziehung des Vaters nach der Geburt wird durch den Erziehungsurlaub ermöglicht. Hier sollten Väter motiviert werden, zugunsten ihrer Kinder dem Arbeitsleben für einen gewissen Zeitraum den Rücken zuzukehren. Durch die Einbeziehung der Väter entwickeln diese Verantwortung, Interesse und eine positive Einstellung zum Kind, welche sich später lohnend auf Vater-Kind-Interaktionen auswirken können. Aber auch während der Kindergartenzeit, der Schulzeit und in Bereichen der Jugendhilfe sollten Väter, soweit es möglich ist, mit „ins Boot" geholt werden. In der Bielefelder Längsschnittstudie schreibt die Forschungsgruppe um das Ehepaar Großmann: „Bei Verhaltensauffälligkeiten eines Kindes sollte auch geprüft werden, ob durch eine Aktivierung und stärkere Einbeziehung positiver väterlicher Fürsorgefähigkeiten eine Verbesserung des Verhaltens des Kindes erreicht werden kann" (Datler/Gstach/Steinhardt 2002, S. 66). In Bezug auf die Bindungstheorie ist die Zusammenarbeit mit Vätern also nicht nur präventiv, sondern auch zur Behebung von Problemen unerlässlich.

Die bereits vorgestellten Forschungsergebnisse belegen, wie wichtig und sinnvoll es ist, dass Männer in den verschiedenen Institutionen der Sozialen

Arbeit beschäftigt sind. In der Realität zeigt sich, dass vor allem weibliche Mitarbeiter in sozialen Bereichen tätig sind. Die Untersuchungen zeigen, dass Männer vor allem die Exploration von Kindern unterstützen. Aus diesem Grund wäre es ideal, wenn in Kinderkrippen, Kindergärten und auch in Institutionen der Jugendhilfe das Personal heterogen wäre. Problematisch an dieser Idealvorstellung ist nur, dass viel weniger Männer den Beruf des Erziehers bzw. Sozialarbeiters erlernen als Frauen. Hier liegt es an den Einrichtungen, kreativ zu sein. So kann z.b. durch den Einsatz von Zivildienstleistenden vielen Kindern der Kontakt mit einer männlichen Bezugsperson ermöglicht werden. Dies ist vor allem dann sinnvoll, wenn Kinder von zu Hause aus keine männliche Bezugsperson haben (z.b. häufig bei alleinerziehenden Müttern der Fall) oder Kinder und Jugendliche positive Erfahrungen mit Männern machen sollten (z.b. in der stationären Jugendhilfe).

Ein weiterer Ansatzpunkt der Sozialen Arbeit sollte bei der Feinfühligkeit von Eltern liegen. In Punkt 4.1.2 hat sich herausgestellt, dass die Bindungsqualität zum Kind von der Feinfühligkeit der Mutter und des Vaters abhängig ist. Aus diesem Grund ist es wichtig, dass Väter für die Bedürfnisse ihrer Kinder sensibilisiert werden. Väter müssen wissen, dass sie beim Schreien ihres Säuglings sofort reagieren sollten. Oft besteht bei jungen Familien die Annahme, dass durch ein ständiges Reagieren auf das Weinen oder Schreien des Babys dieses verwöhnt wird. Für die sog. Trotzphase ist diese Annahme wohl richtig, nicht aber bei einem Säugling, der sich hauptsächlich über das Schreien bemerkbar machen kann. Dieser Sachverhalt muss transparent gemacht werden. Vätern sollte klar sein, dass ihre Säuglinge nur dann eine sichere Bindung zu ihnen aufbauen können, wenn diese ihre Bedürfnisse feinfühlig beantworten. Väter sollten also im Lernprozess, die Bedürfnisse ihrer Kinder wahrzunehmen, sie richtig zu interpretieren und angemessen darauf zu reagieren, unterstützt werden. Möglich ist dies z.B. in Wassergewöhnungskursen speziell für Väter und Neugeborene oder Spielgruppen.

Fasst man die aktuelle Väterforschung zusammen, wird deutlich, dass Väter neben Müttern die wichtigsten Bindungspersonen für Kinder sind. Aus diesem Grund sollte bei der „Anamnese von Verhaltensstörungen bei Kindern und Jugendlichen" die Vater-Kind-Beziehung nicht übersehen werden (Datler/Gstach/Steinhardt 2002, S. 66). Besonders wichtig ist dies, wenn Jugendliche mangelnde Sicherheit bei Explorationen zeigen. Auch „Schwierigkeiten eines Kindes im Sinne von übertriebener oder fehlender Selbständigkeit und mangelndem Vertrauen in andere müssen nicht notwendigerweise auf eine unsichere Mutter-Kind-Bindung hinweisen. Sie können auch darauf zurückzuführen sein, dass der Vater überfordernd, desinteressiert oder generell unfeinfühlig mit dem Kind umgegangen ist und es nicht bei seinen Erkundungen durch angemessene Herausforderungen und Unterstützungen ermutigt hat" (Datler/Gstach/Steinhardt 2002, S. 66). Wichtig ist es also, dass Vater-Kind-Bindungen in den Praxisfeldern der Sozialen Arbeit ernst genommen und den Bindungen eine prägende Bedeutung in der Vorgeschichte des Klienten beigemessen wird.

Wichtig beim Umgang mit Vätern ist auch, deren eigene Bindungsrepräsentationen nicht außer Sicht zu lassen. Die Forschergruppe der Bielefelder Längsschnittstudie schreibt hierzu: „Ein Vater, der sich nicht in der Familie engagiert, dessen Kleinkind kein Vertrauen zu ihm hat und dessen Frau unzufrieden mit seiner Unterstützung als Elternteil ist, hat wahrscheinlich eine unsichere Bindungsrepräsentation" (Datler/Gstach/Steinhardt 2002, S. 66). Die Aufarbeitung der evtl. negativen Bindungserlebnisse des Vaters durch den Sozialarbeiter kann also in vielen Fällen nicht nur diesem, sondern der ganzen Familie helfen. Die Soziale Arbeit muss hier in beratender Funktion auftreten und wenn nötig mit Fachpersonal (z.B. Therapeuten, Psychologen) aus anderen Gebieten zusammenarbeiten.

Abschließend lässt sich sagen, dass die Soziale Arbeit verpflichtet ist, die Bedeutung der Vater-Kind-Bindungen wahrzunehmen und daher Väterarbeit als fester Bestandteil in den Konzeptionen der verschiedenen Institutionen verankert sein sollte.

## 5. Schlussbetrachtung

Die vorliegende Arbeit zeigt, welche immense Bedeutung die Bindungstheorie für die Erklärung von menschlichen Beziehungen auch heute noch einnimmt. Der erste Teil der Arbeit beschäftigte sich in erster Linie mit Mutter-Kind-Bindungen, während im letzten Teil vorwiegend Bindungen zwischen Vätern und ihren Kindern erörtert wurden. Zum Schluss soll noch einmal festgehalten werden, dass es in der Bindungsforschung nicht darum gehen sollte, ob Vater oder Mutter wichtiger für das Kind ist. Das Aufstellen eines Rankings würde wohl meist an den Interessen des Kindes vorbeigehen. Denn die verschiedenen Forschungen zeigen, dass Vater und Mutter schon in der frühen Kindheit eine wichtige Bedeutung für die weitere sozioemotionale Entwicklung ihres Kindes haben. Allerdings sollte die Qualität der Beziehung zum Kind nicht in demselben Maß gemessen werden. Die Qualität der Bindung zur Mutter zeigt sich dadurch, dass sie dem verunsicherten Kind als sichere Basis dient. Die Güte der Vater-Kind-Bindung zeigt sich eher in der psychischen Sicherheit, also wie ein Kind sich in einer neuen herausfordernden Situation verhält. Das Kind braucht während seiner Entwicklung beides. Sicherheit durch Nähe sowie Sicherheit durch unterstütztes Explorieren zusammen führen zu psychischer Sicherheit im Zusammenleben mit anderen Menschen und ermöglichen dem jungen Menschen einen bestmöglichen Start ins Leben.

## Quellenangaben

**Literatur:**

Ahnert, Lieselotte (2004) (Hrsg.): Frühe Bindung. Entstehung und Entwicklung. München

Bowlby, John (1986): Trennung. Psychische Schäden als Folge der Trennung von Mutter und Kind. Frankfurt

Bowlby, John (1988): Development psychiatry comes of age. American Journal of Psychiatry

Datler, Wilfried / Gstach, Johannes / Steinhardt, Kornelia (2002) (Hrsg.): Die Bedeutung des Vaters in der frühen Kindheit. Gießen

Holmes, Jeremy (2006): John Bowlby und die Bindungstheorie. 2. Auflage. München

Kindler, Heinz (2002): Väter und Kinder. Langzeitstudien über väterliche Fürsorge und die sozioemotionale Entwicklung von Kindern. Weinheim und München

Rittelmeyer, Christian (2005): Frühe Erfahrungen des Kindes. Ergebnisse der pränatalen Psychologie und der Bindungsforschung. Stuttgart

Schleiffer, Roland (2007): Der heimliche Wunsch nach Nähe. Bindungstheorien und Heimerziehung. 3. Auflage. Weinheim und München

Spangler, Gottfried / Zimmermann, Peter (2002) (Hrsg.): Die Bindungstheorie. Grundlagen, Forschung und Anwendung. 4. Auflage. Stuttgart

Stadler, Babette (2002): Väter und anorektische Jugendliche. Interaktionsanalysen im Kontext der Bindungstheorie. Hamburg

**Internet:**

http://www.wdr5.de/sendungen/leonardo/manuskript/ms050518_-_schwerpunkt_-_bindungstheorie_-_klaus_wilhelm_a.pdf, Abruf am 15.03.2008

http://www.wdr5.de/sendungen/leonardo/476970.phtml, Abruf am 16.03.2008

http://www.kindergartenpaedagogik.de/1602.html, Abruf am 12.03.2008

Lisa Balihar

Kinder brauchen Väter. Die Bedeutung des Vaters bei der Sozialisation des Kindes

2009

*„Optimale Väter unterstützen die Selbstständigkeit ihrer Kinder und Jugendlichen, sie vermitteln ein Modell von engen Beziehungen, das interpersonellen Raum zulässt, und sie sind ein Vorbild für Beziehungen außerhalb der Familie"*

(Shulman und Seiffge-Krenke 1997: 218)

## 1. Einleitung

Die Familie ist die primäre Sozialisationsinstanz für Kinder, die ihren weiteren Werdegang maßgeblich beeinflusst. Sie ist die erste Gruppe, der ein Individuum angehört und sie prägt sowohl die physische, kognitive, emotionale, psychische, aber auch die soziale Entwicklung des Kindes. In den ersten Jahren werden so die Grundstrukturen der Persönlichkeit festgelegt (vgl. Textor 1991). Die Rolle des Vaters bei der Entwicklung des Kindes wurde früher oft als nebensächlich behandelt, doch seit den 1980er Jahren ist die Vaterforschung auch in diesem Bereich intensiviert worden. Die Annahme in der Bindungstheorie ist, dass beide Elternteile Bezugspersonen für das Kind darstellen, die es beeinflussen.

Wie im Anfangszitat erkennbar, wende ich mich in meiner Hausarbeit der Frage zu, welchen Anteil der Vater zur Entwicklung und Erziehung des Kindes beiträgt und welche Einflüsse dabei auf ihn selbst wirken und ihn evtl. behindern können.

Einleitend erfolgt ein kurzer Abriss über die historische Darstellung von Vaterschaft in den letzten drei Jahrhunderten. Im zweiten und dritten Punkt beleuchte ich die Vergangenheit und den Ist-Zustand der Vater-Kind-Beziehung. Danach wende ich mich im vierten Teil den neuesten Untersuchungsergebnissen der Vater-Kind-Forschung und ihrer Bedeutung für die Vater-Kind-Beziehung zu. Abschließend werde ich darstellen, wie die Abwesenheit des Vaters bzw. eine Trennung der Eltern auf die Kinder wirkt.

## 2. Sozialisationsbegriff und Vaterforschung

Im Allgemeinen wird Sozialisation als ein Prozess der Vergesellschaftung verstanden. Wie wird ein Individuum in eine soziale Gruppe eingegliedert oder wie es sich zu einem gesellschaftlich handlungsfähigem Subjekt bildet? Dieser Prozess setzt unmittelbar nach der Geburt ein und wird von nun an durch die soziale und materielle Umwelt, und den dort befindlichen Interaktionspartnern während der Kindheits- und Jugendphase geprägt. Wie von einigen Autoren auf diese Phase des Lebens beschränkt, führt meiner Meinung nach auch jedes weitere Kennenlernen einer neuen sozialen Gruppe und die damit verbundenen Werte, Überzeugungen und Verhaltensstandards zur weiteren Prägung des sozialen Selbst. Der Sozialisationsprozess dauert somit das ganze Leben an und erlangt erneut eine wichtige Bedeutung, wenn es um den beruflichen Werdegang und die damit zusammenhängenden sozialen Gefüge geht (vgl. Fuchs-Heinritz 1995: 615).

Bezogen auf mein Thema der Hausarbeit, möchte ich mich jedoch auf die Phase bis zur Jugendphase beschränken, da eine komplexe Betrachtung der gesamten Sozialisation eines Individuums in Bezug auf die Einflüsse einer Vaterfigur den Rahmen dieser Hausarbeit sprengen würde.

Die Ansätze in der Väterforschung erstrecken sich mittlerweile von pädagogischen, psychologischen und soziologischen bis zu populärwissenschaftlichen Ansätzen. Im Gegensatz zur Rolle der Mutter blieb die familiäre Rolle des Vaters lange Zeit aus familiensoziologischen und -psychologischen Studien ausgeklammert und es wurde primär die weibliche Seite des Geschlechterverhältnisses in den Blick genommen. Erst in den letzten drei Jahrzehnten konnte sich die Vaterforschung als fester Bestandteil der interdisziplinären Familienforschung etablieren.[40] Das Augenmerk der Forschung lag dabei hauptsächlich auf dem Einfluss, den Väter auf die Persönlichkeitsentwicklung ihrer Kinder haben, denn es kann heutzutage nicht mehr bestritten werden, dass Väter eine große und wichtige Rolle in der Bedeutung für ihre Kinder haben können, gerade wenn sie anwesende oder präsente Väter sind (vgl. Fthenakis 1999).

---

[40] Vgl.
http://www.familieundberuf.at/fileadmin/pdf/studien_literatur/BERICHTTAZIPREVE160307.pdf

Nach Seiffge-Krenke (2001) liegt die in die Tiefe gehende Vaterforschung an dem Vater- und Mutterbild, welches sich gesellschaftlich gerade in dem Zeitraum zu verändern begann. Auch die andersartige Beziehung zum Vater im Gegensatz zur Mutter ab den ersten Lebenstagen wird von Seiffge-Krenke aufgegriffen. Dies zeigt sich auch in der stärkeren Stimulation von Säuglingen durch den Vater (ders.: 54).

Während der letzten Jahre wendete sich die Forschung neuen Fragen zu. Im Mittelpunkt stehen nun vor allem die gegenseitige Einflussnahme von den Eltern auf das Kind, aber auch die vom Kind auf die Eltern, sowie die Selbstsozialisation im Zuge der Interaktion miteinander (Matzner 2004: 13f).

## 2.1 Historisch-gesellschaftliche Ausgangslage des 18. - 20. Jahrhunderts

In historischen und kulturtheoretischen Texten zu Gesellschaft und Staat – etwa von Aristoteles und Freud – steht der Vater überhöht für Ordnung, Gesetz, Außenwelt und Staat. In der Antike beispielsweise wurden Kinder mehr als Sache denn als Person betrachtet. Nutzten sie nicht der Familie und dem Staat, konnten sie auf diverse Möglichkeiten beseitigt werden (vgl. Spillmann 1980).

In der germanischen Zeit konnten Neugeborene rechtsgültig getötet und vor allem Töchter ausgesetzt werden. In allen zurückliegenden Epochen wurden Kinder als Sache betrachtet und schwer gezüchtigt und misshandelt (Arnold 1980: 79ff.).

Zu Beginn des 18. Jahrhunderts verloren die Hausväter dann mehr und mehr an Sonderstellung im Familiengebilde. In der westlichen Welt entwickelt sich der Vater in diesem Jahrhundert zur Autoritätsperson innerhalb der häuslichen Produktionsgemeinschaft Familie, die keine Trennung zwischen Heim und Arbeitsplatz kennt. *„Noch heute drohen Mütter mit dem Vater, wenn sie ihren Kindern etwas verbieten, sie zurechtweisen wollen"* (Böhnisch 2004: 137). Dies sind Muster aus der patriarchalen Zeit der Industrialisierungsgesellschaft, in der der Vater eine unangetastete Autoritätsfigur darstellte. Doch mit der steigenden Verantwortung außerhalb des Hauses waren sie geradezu auf die *„Gefährtenschaft"* und *„Komplementarität"* ihrer Frauen angewiesen. Diese Schwächung seiner Position im Haus steht im Zusammenhang mit der französischen und amerikanischen Revolution, der ständig wachsenden Etablierung des Staates und seiner Erziehungsinstitutionen und den wandelnden

Vorstellungen über die Ehe. Die neuen Wirtschaftsformen forderten eine Trennung von Öffentlichkeit und Privatheit, der Hausvater wurde zum alleinigen außerhäuslichen Ernährer der Familie. Dazu Fthenakis: *„Im deutschen Sprachraum vollzog sich der strukturelle und definitorische Wandel des Familienkonzeptes erst gegen 1800"* (ders. 1988: 12). Kinder waren Namensträger, Arbeitskräfte und eine Art Alterssicherung ihrer Eltern. Es wurde wenig mit ihnen gesprochen und gespielt, hinzu kam mangelnde Hygiene. *„Erst mit der Renaissance, mit dem Beginn der Neuzeit, begann sich jener tiefgreifende Wandel zu vollziehen, der zu einem >privaten< Familiengefühl führte und damit auch die Grundlage für eine engere Beziehung zwischen Eltern und Kindern legte"* (Spillmann 1980: 32).

Gleichzeitig kam es hauptsächlich in der zweiten Hälfte des 19. Jahrhunderts zur Ablösung des Hausvaters, der zu Beginn die oberste Autorität der Familie darstellte und nicht selten sogar eine sakral ähnliche Funktion inne hatte, hin zum Berufsmenschen, der nur selten anwesend war (vgl. Matzner 2004: 136ff.). *„Die Eltern-Kind-Beziehung war vor allem eine Mutter-Kind-Beziehung, die zum Vater hin eine durch die Mutter vermittelte"* (Berg 1991: 102). Sigmund Freud ging davon aus, dass Kinder bis zum vierten Lebensjahr ausschließlich zu sogenannten dyadischen Konstellationen – Paarbeziehungen zu einem einzigen Menschen, der Mutter nämlich – fähig sind.

Heutzutage steht die Triade mehr im Vordergrund, der Vater bietet dabei eine weitere Perspektive der Wahrnehmung an. Klitzing und Herzog leisteten einen großen Beitrag zu dem Konzept der frühen Triangulierung.[41] Beide stellten fest, dass der Vater während der gesamten Sozialisation des Kindes eine Rolle bzw. mehrere Rollen spielt. Väter interessieren sich heute auch weitaus mehr für die Zeit vor der Geburt, sie nehmen an Geburtsvorbereitungskursen teil, stehen im Kreissaal neben der Frau oder beteiligen sich am Baderitual des Neugeborenen; dies gilt vor allem für die westlichen Industrienationen. Generell werden Kinder nicht mehr nur als Last oder Bürde empfunden, sondern sie sind vielmehr Ausdruck nach Erfüllung einer eigenen Familie und Selbstverwirklichung auf Seiten der Frauen wie auch der Männer. Die Sehnsucht nach Kindern ist

---

[41] Nachzulesen in von Klitzing, K. (1998): Die Bedeutung des Vaters für die frühe Entwicklung. In: Ders. Psychotherapie in der frühen Kindheit. Göttingen : Vandenhoek & Ruprecht, 119-131; Herzog, J. (1985): Preoedipal Oedipus. In: Pollok, G.H.: The oedipus Papers. Madison : Int. Universities Press, 475-491; Herzog, J. (1991): Die Muttersprache lernen. In: Jahrbuch der Psychoanalyse, 27. Stuttgart : fromann- holzboog, 29-41

gleichzeitig mit der Hoffnung auf eine intakte Partnerschaft und langfristige Beziehung geknüpft.

## 3. Väter und Einflussfaktoren die auf sie wirken

Das Engagement des Vaters am familiären Leben wird entscheidend durch den Beruf und den Umfang seiner beruflichen Tätigkeit sowie die dadurch entstehende Belastung beeinflusst. So ist das Bild des Vaters in der Gesellschaft vornehmlich durch seine familienversorgende Berufsrolle geprägt. *„Erst mit der gesetzlichen Festschreibung der gleichberechtigten Ausübung der elterlichen Gewalt (1957) sowie desgleichberechtigten Anspruchs auf das Sorgerecht (1998) gewinnt der Vater als Erzieher an Bedeutung"* (Hinze 2005).

Daneben ist auch von entscheidender Bedeutung, ob die Geburt des Kindes als willkommenes oder unerwünschtes Ereignis wahrgenommen wird. Die Haltung zum Kind und zur eigenen Vaterrolle ist im Gegensatz zur Mutter kennzeichnend für die kommende Vaterschaft. Es ist jedoch nicht auszuschließen, dass das Interesse am zunächst unerwünschten Kind mit seiner Anwesenheit steigt.

Zum Berufsleben und der verfügbaren Freizeit, als eine Ursache väterlichen Engagements, kommen subjektive und objektive Kompetenzeinschätzungen, Motivation und soziale Unterstützung hinzu (vgl. Fthenakis 1999: 109).[42] Fühlt er sich selbstsicher im Umgang mit dem Kind, gerade auch in Abwesenheit der Mutter, wird sich der Umfang seines Engagements und seiner Motivation steigern. Von entscheidender Bedeutung ist auch der Beschäftigungsstatus der Mutter: wenn die Partnerin arbeiten geht, zeigen Väter oft mehr elterliches Engagement.

Das eigene Vaterbild prägt zusätzlich das Bild von Männern und Vätern und die Vorstellungen die damit verknüpft werden. Dieses innere Vaterbild entsteht in der Kindheit und entwickelt sich ständig weiter. Für eine positiv empfundene Vaterschaft sind gerade Erfahrungen mit einem emotional zugewandten Vater von großer Bedeutung. Fehlen diese positiven Eindrücke, kann dies zu einer

---

[42] zurückzuführen auf eine Arbeit Joseph H. Plecks 1997 „Paternal Involvement: Levels, Sources, ans Consequences"

Kompensation über vaterähnliche Personen führen, beispielsweise über den älteren Bruder, den Freund oder den Großvater (Gebauer 2004: 25).

### 3.1 Väter zwischen Erwerbstätigkeit und Familie

Die Arbeitsteilung in den Familien hat langfristig bewirkt, dass die Kategorien Beruf und Familie das Leben von Männern und Frauen und auch die Beziehungen zwischen Eltern und Kindern in unterschiedlicher Weise prägen. Der Beruf ist gerade für Männer von großer identitätsstiftender Bedeutung und ein wesentlicher Bestandteil ihrer Biographie.

Viele junge Väter wollen heute eine engere Bindung zu ihren Kindern aufnehmen und einen aktiven Part in der Familienstruktur einnehmen, allerdings meist nur in hedonistischen Eigenschaften, wie etwa Sport und Spiel. Die Zeit, die ihnen neben dem Beruf übrig bleibt, wollen sie aktiver nutzen als ihre eigenen Väter, die meist dem traditionellen Vaterbild entsprochen haben. Dazu müssen jedoch meist Kompromisse zwischen Beruf und Familie gefunden werden und dies ist gerade vor dem Hintergrund von Arbeitsplatzunsicherheit und Arbeitslosigkeit keine leichte Aufgabe.

Dies hat sich auch in der aktuellen Vaterforschung abgebildet, Väter beteiligen sich heutzutage mehr in der Familie, *„aber es scheint [noch] nicht für einen strukturellen Wandel hin zur Familienvaterschaft zu reichen. So hat sich zwar der entsprechende zeitliche Aufwand [...] wesentlich erhöht; er konzentriert sich aber vor allem auf das arbeitsfreie Wochenende sowie sportliche Aktivitäten, während die Mithilfe bei pflegerischen und haushaltsbezogenen Arbeiten deutlich weniger zugenommen hat"* (vgl. Gonser 1994, Fthenakis 1999).

Steht den Vätern wenig Zeit außerhalb des Berufslebens zur Verfügung, fallen Aufgaben wie Arztbesuche, Behördengänge oder Elternabende gänzlich auf die Mutter zurück. Nach Bowlby[43] ist jedoch nicht die bloße Anwesenheit oder das Pflegeverhalten wichtig für die Entwicklung des Kindes, sondern in erster Linie die Qualität der Interaktion zwischen Kind und Bezugsperson. So können intensive sozial-emotionale Beziehungen auch in Spiel- und Freizeitsituationen aufgebaut werden.

---

[43] Bowlby, J. (1975): Bindung. Eine Analyse der Mutter-Kind-Beziehung, München

Häufigster Grund für beruflich bedingte Abwesenheit des Vaters sind die immer noch bestehenden großen Einkommensunterschiede. Sie *„zwingen viele Familien um des finanziellen „Familienerhalts" willen, zur Steigerung der männlichen Erwerbstätigkeit – zu Lasten „seiner" Präsenz zu Hause – und zur Reduzierung weiblicher Erwerbstätigkeit und „ihrer" Fixierung auf Haus und Kinder"* (Volz 2004: 2).

Ein weiterer Einflussfaktor ist die der Partnerschaft. Wie sehr sich ein Vater in die Erziehung und Versorgung der Kinder einbringen kann, hängt nicht selten in hohem Maße von der Bereitschaft der Mutter ab, ihrem Partner diese Möglichkeit zu gewähren und ihn als gleichwertige Erziehungsperson wahrzunehmen. Die Entscheidungskompetenz liegt in der Kinderfrage nicht selten ausschließlich bei der Mutter. Sie entscheidet ob ein Kind geboren wird und in welcher Art und Weise es erzogen wird.

Oft trauen Mütter ihren Partnern eine kindgerechte Versorgung nicht zu bzw. unterschätzen sie in ihren Fähigkeiten, sich gut kümmern zu können. Dies führt nicht selten dazu, dass die Motivation der Väter gebremst oder geradezu entkräftet wird. Unterstützt sie ihren Partner hingegen, wird das Verlangen an der Beteiligung der Fürsorge gestärkt und meist sogar gesteigert. Diese steuernde und unterstützende Funktion wird in wissenschaftlichen Debatten oft als *„gatekeeping"* (Fthenakis 1999: 85) bezeichnet. Eine Mutter, die sich also ganz mit der Mutterrolle identifiziert und in diesen Aufgaben vollständig aufgeht, neigt nicht selten dazu, den Vater aus der Mutter- Kind-Beziehung auszuschließen.

Eine Reihe von Studien bestätigen, dass sich viele Frauen zwar ein höheres Engagement des Vaters wünschen, dies jedoch nur bis zu einer bestimmten von ihnen gesetzten Grenze. Sie wollen die Hauptbezugsperson bleiben und sehen sich nicht selten als kompetenter in der Erziehung und Pflege der Kinder an.

## 4. Vater-Kind-Beziehungen

Die Bindungstheorie, eine einflussreiche psychologische Theorie von John Bowlby5[44], besagt, dass das Bedürfnis des Menschen nach Bindung genauso bedeutsam für sein Überleben ist wie etwa sein Bedürfnis nach Nahrung oder nach Kennenlernen seiner Umwelt. Dabei bezieht sich Bowlby hauptsächlich auf die Mutter-Kind-Bindung, der Vater stellt bei ihm eher einen vertrauten Gefährten dar. Generell kann eine solche Bindung genau dann bestehen, wenn die Eltern, hier der Vater, der Orientierungspunkt besonders in Belastungssituationen und in fremder Umgebung ist.

Ergebnisse aus der Bindungsforschung, genauer ein standardisiertes Verfahren von Ainsworth[45], das die Kriterien John Bowlbys für eine sichere Bindung zwischen Kind und Mutter nachweisen soll, weisen darauf hin, dass das erste Lebensjahr des Babys, in dem auch die grundlegenden Bindungen entstehen, entscheidend für die Entwicklung von Beziehungsfähigkeit, Vertrauen und eines grundlegenden Gefühls von Sicherheit sind.

*„Die Erfahrungen eines jungen Kindes mit einer ermutigenden, unterstützenden und kooperativen Mutter und, etwas später, einem solchen Vater, geben ihm das Gefühl, wertvoll zu sein, vermitteln ihm den Glauben an die Hilfsbereitschaft anderer und sind ein gutes Modell für spätere eigene Beziehungen"* (Bowlby 1982: 378 zitiert nach Steinhardt 2002: 43).

Gerade der Vater wird gezielt als Quelle der Sicherheit und Schutz in fremder Umgebung eingesetzt. Kleinkinder vergewissern sich stets, wo ihre Bezugspersonen sind, auch wenn sie sie nicht direkt in eine Aktion einbinden wollen. Anders als bei der Mutter, wo sich das Kind in den sicheren Hafen flüchtet, werden sie vom Vater zu Erkundung der fremden Umgebung ermutigt. Sie fordern das Kind heraus, etwas Neues zu wagen und versuchen durch spielerisches Verhalten die Neugier des Kindes positiv zu unterstützen.

Zusammenfassend treten Väter im Gegensatz zur Mutter meist in folgenden Rollen in Aktion mit ihren Kindern: als interessanter Interaktionspartner, der andere, oft aufregendere Dinge mit dem Kind macht als die Mutter, als Herausforderer für etwas Neues, was sich das Kind alleine nicht zutrauen würde,

---

[44] (1907-1990) ein britischer Kinderarzt, Kinderpsychiater, Psychoanalytiker und Pionier der Bindungsforschung (vgl. Bindungstheorie)

[45] 1913-1999) US-amerikanische Entwicklungspsychologin und Vertreterin der Bindungstheorie

als Vermittler von gefährlichen Bereichen der Umwelt und Vermittler von Spielen und Festivitäten der Kultur (vgl. Feldmann 2000; Murphy 1997).

Gerade die Spielbeziehung zwischen Vater und Kind hat großen Einfluss auf die Entwicklung im Kleinkindalter, sowie wichtiger sozialer und emotionaler Kompetenzen bis ins Erwachsenenalter. Der Vater steht weiterhin für eine weitere Bezugsperson neben der Mutter, mit unterschiedlichen Eigenschaften und Ansichten. Dies ist wichtig, um laut Matzner der *„Eingleisigkeit"* der Erziehung zu entgehen (ders. 1998: 25). Auch Väter profitieren von einer alltagsselbstverständlichen Vater-Kind-Interaktion. Sie erfahren neue Eindrücke und erhalten über die in der Beziehung zum Kind, hier Jungen, gelebte Emotionalität und *„Unverstelltheit"* einen Ausgleich zur *„instrumentellen Realität"* konkurrierender und rollenfixierter Arbeitsbeziehungen (vgl. Gonser 1994: 20f.).

Ergänzen sich Mutter und Vater in ihren Rollen, so ist nach Bowlby eine spätere Integration der Kindes in neue soziale Gruppen positiv unterlegt: *„Die Anerkennung des Bindungsbedürfnisses des Kindes durch die Eltern muss durch die Anerkennung des Explorationsbedürfnisses ergänzt werden, damit es allmählich seine Beziehungen zu anderen Kindern und Erwachsenen ausweiten kann"* (Bowlby 1987: 58).

Das Fehlen einer nahen unterstützenden Bindung mit einem Erwachsenen gilt als ein bedeutendes Entwicklungsrisiko für das Kind mit Auswirkungen in allen wichtigen Entwicklungsdimensionen, nämlich Auswirkungen auf die spätere soziale, die emotionale und auch die kognitive Entwicklung.

## 4.1 Das Geschlecht des Kindes

Bezogen auf das Geschlecht des Kindes gehen die Studien zur Beteiligung des Vaters an der Entwicklung weit auseinander. In den siebziger und achtziger Jahren entstand eine Reihe von Studien, die eine geschlechtsspezifisch unterschiedliche Handlungsweise von Vätern feststellten. Von Jungen wurde mehr Strenge gefordert, sie wurden häufiger zum Spielen aufgefordert oder motiviert, etwas zu entdecken, während Mädchen eher sanfter behandelt wurden (vgl. Fthenakis u.a. 2002: 145, Seiffge-Krenke 2001: 54ff).

Heute tendiert man jedoch eher zu der Annahme, dass sich die Beteiligung in Bezug auf das Alter der Kinder unterscheiden lässt. Eine geschlechtsspezifische

Trennung ist vor allem in der Schulphase erkennbar.7[46] Seiffge-Krenke betont im Gegensatz dazu, dass eine unterschiedliche Handhabung im Umgang der Kinder in Bezug auf das Geschlecht sehr wohl viel früher erkennbar wird. Väter würden mehr mit ihren Söhnen, vor allem Erstgeborenen, spielen als mit Mädchen (ders. 2001: 58f.).

Es lässt sich lediglich feststellen, dass Eltern von Mädchen im Kindergartenalter gemeinhin mehr Anpassung und Gehorsam verlangen, während sie von Jungen im Kindergartenalter stärker Leistung und Unabhängigkeit fordern. Seiffge-Krenke stellt weiterhin fest, dass die Vater-Sohn-Beziehung durch Gegenpole wie Liebe und Aggression und Nähe und Distanz geprägt werden. Dies ist zurückzuführen auf die Spiegelfunktion, Väter konstruieren ihre Söhne als „Spiegel" ihrer selbst und beurteilen sie nach ihren Maßstäben und eigenen Merkmalen und Eigenschaften (ebd.: 59).

Die Vater-Tochter-Beziehung hingegen ist mehr durch Verschiedenheit und Zärtlichkeit charakterisiert. Umso älter das Kind wird umso mehr tritt der Vater als Beschützer ein, kann er im Kleinkindalter ihre Weiblichkeit hervorheben, stagniert diese Komponente zu Beginn der Pubertät, da sich die Tochter beginnt zurückzuziehen (ebd.: 60).

## 5. Das Fehlen der Vaterfigur

Abwesende Väter werden zudem oft idealisiert und imaginiert. Das verlassene oder vernachlässigte Kind empfindet Wut und Enttäuschung, die es wiederum auf Personen im näheren Umfeld projiziert. Geschwächt wird diese Aggression meist nur durch die Anwesenheit einer anderen männlichen Person, je nach Konstellation innerhalb der Familie. Schwierig für die Entwicklung des Kindes wird es dann, wenn es mit der Mutter allein gelassen wird und bleibt.

Ist dies der Fall, kommt es nicht selten zu einer „*erschwerte[n] und verzögerte[n] Loslösung und Individuation*" des Kindes im Bezug zur Mutter, da sie dem Kind wenig Möglichkeiten für Abstand und notwendige Distanz gibt, meist aus Verlustangst. Sie „*verschlingen*" ihr Kind oder bestehen auf die permanente Anwesenheit und Berichterstattung ihres Aufenthaltsortes, sie

---

[46] Dt. Studie (vgl. Fthenakis u.a. 2002: 145, 163)

klammern. Neben der Idealisierung des Vaters kann es aber auch zur Entwertung kommen, es entsteht ein gute-Mutter-böser-Vater-Bild, das im weiteren Verlauf auch zu mangelnder Geschlechtsidentität führen kann (vgl. Steinhardt 2002: 25ff.).

Kinder, die kein vollständiges oder positiv gefärbtes Beziehungsdreieck erfahren haben, befinden sich im Erwachsenenalter häufig mit Schwierigkeiten im Umgang mit der eigenen Elternschaft und der Beziehung zu ihren Kindern konfrontiert (vgl. Schon 1995).

Es kommt aber auch auf das Alter des Kindes, die soziale Situation und Kompensationsmöglichkeiten an, die zur Nichtanwesenheit des Vaters geführt haben. Die Verlusterfahrungen und Reaktionen hängen in diesem Fall auch von der Bedeutsamkeit eben dieser Person ab.

Hat sich der Kindsvater während der Schwangerschaft von seiner Partnerin getrennt und das Kind hatte nie einen Bezug zu einer weiteren männlichen Person in Form einer Vaterfigur oder fand die Trennung innerhalb der ersten Lebensjahre des Kindes statt? Für Kinder ist die langfristige Trennung oder der Verlust einer nahen Bindungsperson schmerzhaft und oft nur schwer zu verkraften. Fast immer wird die Trennung oder Scheidung der Eltern von Streitigkeiten und Kämpfen um die Kinder begleitet.

Findet die Trennung der Eltern nach der Geburt statt, ist es von dem Alter des Kindes abhängig, wie gut es mit der Situation umgehen kann und wie die Eltern dem Kind die Trennung erklären und sich anschließend als Eltern präsentieren und sich zueinander verhalten. Die Kinder, häufig bei der Mutter verbleibend, fühlen sich plötzlich draußen, außerhalb der Familie. Daraus ergeben sich oft in diversen Intervallen Wochenendbesuche der Kinder beim Vater oder Ferienbesuche und Feiertagsverabredungen, in denen die Kinder den Vater für sich haben. Ist dies der Fall, müssen sich die Eltern gut absprechen, um den Kindern nicht ein Ungleichverhältnis in der Erziehung vorzuleben und so einen „Gut" und „Böse" entstehen zu lassen. Natürlich möchte der Vater in der vorhandenen Zeit ein lieber Papa sein und keine Verbote aufstellen, er möchte dem Kind viel bieten, um die Zeit, in der er nicht anwesend ist, nachzuholen. Die Kinder hingegen müssen sich auf neue Partner und eventuelle Halbgeschwister einstellen, dies scheint für kleine Kinder jedoch einfacher zu sein als für ältere (vgl. Ell 1982).

Aber es ist nicht die Quantität, die das Wohlergehen der Kinder ausmacht. Gerade in der neueren Literatur zu dem Forschungsthema wird verstärkt davon ausgegangen, dass die Qualität der Vater-Kind-Beziehung stärkere Auswirkungen auf das Wohlergehen der Kinder zeigt, als die Häufigkeit des Kontakts zwischen nicht sorgeberechtigten Vätern und ihren getrenntlebenden Kindern (Fthenakis 1988, 2002).

## 6. Resümee

In Anbetracht der sich in den letzten Jahrhunderten verändernden Vaterrolle und auch dem steigenden Forschungsinteresse der vergangenen Jahrzehnte zu diesem Thema kann wohl behauptet werden, dass Väter eine immer wichtiger werdende Rolle in unserer heutigen Gesellschaft spielen. Gerade in Bezug auf die soziale Entwicklung der Kinder wird mehr Aufmerksamkeit auf die Verbindung zur Vaterfigur gelegt.

Aufgrund der aktuellen Forschungsliteratur lässt sich entnehmen, dass Väter nicht nur für die spielerische Entwicklung und Grenzerfahrungen mit den Ängsten ihrer Kinder wichtig sind, sondern auch als geschlechtsspezifisches Gegenstück zur Mutter fungieren können. Sie bieten gleichwohl emotionale und moralische Unterstützung an, wenn auch in einer anderen Form als Mütter. Väter prägen des Weiteren, ebenso wie Mütter, die Eigenschaften und das Verhalten des Kindes, auch im späteren Leben.

Ist der Vater durch berufliche Einspannung wenig zu Hause anwesend oder sind die Eltern nicht in einer Beziehung und leben in keinem gemeinsamen Haushalt, so kommt es bei der gemeinsam verbrachten Zeit vorrangig auf die Qualität der Vater-Kind- Beziehung und den damit verbundenen Aktivitäten an. Oftmals steht die Kosten-Nutzen-Frage der Elternpaare bei der Schwangerschaft im Raum, die meist so ausfällt, dass die Väter die besserverdienenden sind und somit weniger Zeit mit ihren Kindern verbringen können. Demzufolge spielt die wirtschaftliche Rolle bei den meisten Paaren eine große Rolle und wirkt sich dementsprechend auf die Bindung zwischen Vater und Kind aus, was nicht negativ verstanden werden muss. Sind die Väter durch Trennung nicht täglich am Leben der Kinder beteiligt oder bestehen sogar zwischenelterliche Konflikte oder ökonomische Belastungen, werden Kinder unter diesen Umständen am stärksten belastet. Dies kann im schlimmsten Fall negative Auswirkungen auf die Sozialisation des Kindes zur Folge haben, z.B. in Bezug auf spätere Anpassungen in neuen Familienkonstellationen oder generell in sozialen Gruppen.

Zusammenfassend lässt sich sagen, dass eine aktive Vaterschaft zur Vorbeugung und Vermeidung problematischer Lebenswege von Kindern angesehen wird. Der Wunsch nach Kindern nimmt in den meisten Beziehungen zu und gelangt mehr und mehr an Bedeutung. An dem gemeinsamen Familienleben wollen auch die Väter ihren Anteil haben und es wäre wünschenswert, wenn diese positive Bewegung auch politisch mehr unterstützt werden würde, damit die gewonnene Zeit für das Kind von Vätern besser genutzt werden kann und auch als selbstverständlich angesehen werden sollte.

## 7. Literaturverzeichnis

Arnold, K.: Kind und Gesellschaft in Mittelalter und Renaissance. Beiträge und Texte zur Geschichte der Kindheit. Paderborn : Schöningh, 1980 (Sammlung Zebra / B ; Bd. 2)

Berg, C.: Familie, Kindheit, Jugend. In: Dies. (Hrsg.): Handbuch der deutschen Bildungsgeschichte. Bd. IV, 1870 – 1918. – München : Beck, 1991, S. 91 - 145

Bowlby, J.: Attachment an loss. Vol I: Attachment, 2nd revised ed. New York : Basic Books, 1982

Bowlby, J.: Bindung. Attachment. In: R. L, Gregory (Hrsg.). The Oxford Companion to the Mind. Oxford: Oxford University Press, 1987, S. 57-58

Ell, E.: Wie ist das mit der „Hauptbezugsperson"? In: Zbl JugR 69, S. 76-82

Fthenakis, W. E.: Väter. Bd. 1. Zur Psychologie der Vater-Kind-Beziehung. München : Urban & Schwarzenberg, 1988

Fthenakis, W. E.: Engagierte Vaterschaft : die sanfte Revolution in der Familie. Opladen : Leske und Budrich, 1999

Fthenakis, W. E.: Die Rolle des Vaters in der Familie. Schriftenreihe des Bundesministeriums für Familie, Senioren, Frauen und Jugend, Bd. 213. Stuttgart : Kohlhammer, 2002

Fuchs-Heinritz, W., ... (Hrsg.): Lexikon zur Soziologie. - 3., völlig neu bearb. und erw. Aufl., durchges. Nachdr. – Opladen : Westdt. Verl., 1995

Gonser, U.: „...Vater sein dagegen sehr!": Wege zur erweiterten Familienorientierung von Männern ; Materialien zur Väter- und Männerarbeit in der Familien- und Erwachsenenbildung. Bielefeld : Kleine, 1994 (Materialien zur Frauenforschung ; Bd. 19)

Matzner, M.: Vaterschaft heute. Klischees und soziale Wirklichkeit. Frankfurt [u.a.] : Campus-Verl., 1998

Matzner, M.: Vaterschaft aus der Sicht von Vätern. Wiesbaden : VS Verl., 2004

Schon, L.: Entwicklung des Bezugsdreiecks Vater-Mutter-Kind. Stuttgart : Kohlhammer. 1995

Seiffge-Krenke, I.: Väter und Söhne, Väter und Töchter. In: Forum Psychoanalyse, 2001, 17. Jg., S. 51- 63

Shulman, S., Seiffge-Krenke, I.: Fathers and adolescents. Developmental and clinical perspectives. London : Routledge, 1996

Spillmann, Kurt R.: Vom Wandel der Eltern-Kind-Beziehungen im Laufe der Geschichte. In: Duss von Werdt, J./Welter-Enderlin, R. (Hrsg.): Der Familienmensch : systemisches Denken und Handeln in der Theraphie. Stuttgart : Klett-Cotta, 1980, S. 29-41 (Konzepte der Humanwissenschaften : Texte zur Familiendynamik)

Steinhardt, K., Dalter, W., Gstach, J. (Hrsg.): Die Bedeutung des Vaters in der frühen Kindheit. Gießen : Psychosozial-Verl. 2002

Textor, M. R.: Familien : Soziologie, Psychologie : eine Einführung für soziale Berufe. Freiburg : Lambertus, 1991

Internetquellen:

Fried, L.: Junge oder Mädchen? Der kleine Unterschied in der Erziehung. In: Fthenakis, W.E./Textor, M.R. (Hrsg.): Online-Familienhandbuch.
URL.:   http://www.familienhandbuch.de/cmain/f_Kontakt/a_Impressum.html (Zugriff 15.09.2009)

Gebauer, Karl: Einfühlsame Väter haben starke Kinder. In: Klett-Themendienst 24, 04/2004, S. 25-26
URL:   http://www.klett.de/sixcms/media.php/273/themendienst_24_25-26.pdf (Zugriff 29.8.2009)

Hinze,D.: Die Bedeutung des Vaters in der frühen Entwicklung des Kindes: Vaterfiguren: Die Bedeutung des Vaters... in der Gesellschaft. Veränd. Fassung eines Vortrags auf der 1. Fachtagung „Frühförderung bei Kindern mit psychosozialen Risiken", München, 26.02.05
URL:
http://www.familienhandbuch.de/cmain/f_Aktuelles/a_Elternschaft/s_1802.html (Zugriff 29.8.2009)

Volz, Rainer: Zwischen Alleinernährer und aktivem Vater : Väter im Spagat zwischen Wunsch und Wirklichkeit – und warum die Männerarbeit für Männer und Kirche wichtig ist. 2004

URL: http://www.ekir.de/ekir/dokumente/vaeter_im_spagat.pdf (Zugriff 29.8..2009)

## Einzelbände

Eva Nitschke

Grundlagen des Bindungsverhaltens im Kleinkindalter und ihre Auswirkungen auf die weitere Entwicklung

978-3-640-31985-5


Scarlett Henning

Die Rolle von Bindung zwischen Kindern und Eltern und ihre Folgen für die lebenslange Entwicklung

978-3-656-04147-4


Mareike Lüdeke

Die Entwicklung der frühen Mutter-Kind-Beziehung

978-3-640-77392-3


Julia Klemm

Mutter-Kind-Bindung und ihr Einfluss auf die partnerschaftlichen Beziehungen im Erwachsenenalter

978-3-640-54058-7


Carolin Büdel

Bindungstheorie und Bindungsforschung: Bedeutung der Väter als Bindungsperson

978-3-638-95176-0


Lisa Balihar

Kinder brauchen Väter. Die Bedeutung des Vaters bei der Sozialisation des Kindes

978-3-640-72484-0